25招缓解学生焦虑

余建英、李元媛、谌霞灿、郑耀宗　著

成都时代出版社
CHENGDU TIMES PRESS

图书在版编目（CIP）数据

25 招缓解学生焦虑 ／ 余建英等著 . —— 成都 ：成都
时代出版社 ，2025.1

（萤火虫心理健康科普丛书）

ISBN 978-7-5464-3367-7

Ⅰ．①2… Ⅱ．①余… Ⅲ．①青少年－心理健康－健
康教育 Ⅳ．①G444

中国国家版本馆 CIP 数据核字 (2024) 第 016072 号

25 招缓解学生焦虑
25 ZHAO HUANJIE XUESHENG JIAOLU

余建英、李元媛、谌霞灿、郑耀宗 ／ 著

出 品 人　钟　江
总 策 划　邱昌建　李若锋
责任编辑　张　旭
责任校对　李茜蕾
责任印制　江　黎　曾译乐
封面设计　昕远文化
装帧设计　成都九天众和

出版发行　成都时代出版社
电　　话　（028）86742352（编辑部）
　　　　　（028）86763285（图书发行）
印　　刷　成都博瑞印务有限公司
规　　格　145mm×210mm
印　　张　5.125
字　　数　110 千
版　　次　2025 年 1 月第 1 版
印　　次　2025 年 1 月第 1 次印刷
书　　号　ISBN 978-7-5464-3367-7
定　　价　48.00 元

代 序

　　没有心理健康就谈不上身体的全面健康。据统计，我国成年人精神障碍终生患病率为16.6%，排在第一位、第二位的分别为焦虑障碍、心境障碍；《中国国民心理健康发展报告（2019—2020）》显示，我国24.6%的青少年抑郁，其中重度抑郁的比例为7.4%。然而社会偏见、歧视仍广泛存在，这也间接导致讳疾忌医者多，科学就医者少。

　　身体健康的第一责任人是自己，心理健康的第一责任人也是自己。"人民日益增长的美好生活需要和不平衡不充分的发展之间的矛盾"已成为我国社会的主要矛盾。各类精神心理学教材、专著，精神障碍防治指南，以及有限的精神心理卫生服务资源，难以满足广大人民的需求，只有加强精神心理健康知识的科普，帮助人们了解常见精神心理、行为问题的特征与处理常识，才能

使人们更好地成为自己心理健康的责任人。

对精神心理健康类知识的科普势在必行。党的二十大报告强调要"重视心理健康和精神卫生"，2018 年 11 月，国家卫生健康委、中央政法委、中宣部等 10 部门联合印发了《全国社会心理服务体系建设试点工作方案》，提出要加强全民健康意识，健全心理健康科普宣传网络，显著提高城市、农村普通人群心理健康核心知识知晓率。《中国公民健康素养 66 条》《"健康中国 2030"规划纲要》《关于加强心理健康服务的指导意见》《健康中国行动（2019—2030 年）》等都强调健康优先，要把健康摆在优先发展的战略地位，迅速普及健康理念、健康生活方式就成了重要手段。

作为一名工作了二十多年的资深精神心理专业医师，笔者深知宣传精神心理卫生知识的重要性；作为四川大学华西医院心理卫生中心的支部书记兼副主任，以及四川省预防医学会行为与健康分会主任委员，更感责任重大。为贯彻落实党的二十大精神，以习近平新时代中国特色社会主义思想为指导，本着科普性、实用性、启发性的原则，以案为例，通过专家点评或患者口述等多种形式，意在面向全社会普及精神心理学知识、倡导精神心理健康学方法，推动"全疾病周期"的预防治疗康复理念向"全生命周期"的预防治疗康复理念转变,建立"家庭—学校／单位／社区—医院"的全方位、全社会关注体系,突出家人、个体的主体意识,坚持预防为主,传播精神心理行为问题"早发现、早诊断、早治疗、早康复"的"四早"理念。为此,四川大学华西医院心理卫生中心、四川省预防医学会行为与健康分会联手成都时代出版社打造"萤火虫心理健康科普丛书",希望能为加快实施"健康中国"战略,促进公民身心健康,维护社会和谐稳定,尽自己的一份力量。

邱昌建

Relieve anxiety

心灵奇旅　唤醒内心力量 享受乐观人生

「码」上驱散阴霾

疗愈指引

学习心理知识 走出心灵困局

拥抱内心强大的自己

- Embrace yourself -

情绪灯塔

告别内耗情绪 养成积极心态

幸福秘方

家庭教育指南 护航孩子成长

自 序

  学生生涯特别是在青少年时期，是一个人身心快速发展、面临多个成长议题的重要阶段，青少年是心理问题的高发人群。《2022年青少年心理健康状况调查报告》中显示，约14.8%的青少年存在不同程度的抑郁风险，其中4.0%的青少年属于重度抑郁风险群体，10.8%的青少年属于轻度抑郁风险群体。报告指出，住校、父母外出工作等缺少父母照顾与陪伴的青少年有更多抑郁、孤独、手机成瘾的问题。家庭关系紧张、父母不和睦的青少年的心理健康风险更高。对手机过度依赖或手机成瘾会对青少年的成长与发展带来许多负面影响。报告指出，33.4%的青少年不同程度地对"我不能忍受没有手机"的选项表示同意，这表明这部分青少年可能已对手机产生心理依赖。同时，他们会花更长的时间在手机上，有超过1/3的青少年可能因使用手机而影响了现实中的学

习任务。① 这些都说明学生心理健康正面临很大的挑战，需要不断提高技术水平，增加更多的干预措施，提前筹划，以满足广大学生和家长日益增长的心理健康需求。之所以会造成这样的后果，部分学生是因为在面对压力时不能够更好地应对，遇到问题不知道如何解决，或者解决问题时遭到无情的打击或拒绝，于是他们或选择隐忍，或选择不合适的方式释放压力，比如通过玩手机的方式释放压力，最后导致过度依赖手机，问题越累积越严重，最终出现抑郁情绪。上述情况，大多数时候是因为家长和老师没有及时发现并进行处理，甚至是在孩子已经发出求助信号后，仍然没有当回事，觉得是孩子自身的问题，比如认为是孩子内心不够强大，抗挫折能力差等，导致问题得不到及时解决。如果能够把问题解决在萌芽状态，在后期自然就会减少很多麻烦，也能给家长和社会减轻很多负担。本书不是一本追根溯源的书，也不是解决本质问题的书，而是一本在孩子出现焦虑情绪时能让学生和家长掌握到一种及时调节情绪的指导书，从而有效避免问题的扩大化。本书的作用是有限的，编写本书的目

---

① 中国科学院心理研究所、社会科学文献出版社联合发布的我国第三本心理健康蓝皮书《中国国民心理健康发展报告（2021—2022）》中的专题报告《2022年青少年心理健康状况调查报告》

的仅仅是希望学生在面对压力时能把问题扼杀在摇篮中，避免累积成更严重的心理或精神问题。

　　本书分为四个部分。第一部分是学生对焦虑情绪的识别。介绍学生面对压力时可能出现的症状，供学生和家长学习并熟知，以便问题发生时及时觉察，并根据后三部分提供的方法解决，做到早预防、早觉察、早处理。同时，每个症状我们都列举了一个在临床工作中遇到的真实案例，让学生和家长对问题能认识得更清晰。这里特别说明，基于患者信息保密原则，本书的每个案例虽然都来自临床，但都是经过部分改编的，是不会体现原个案的真实信息的。第二部分主要介绍学生在遇到压力时自我调适的方法，包括17种焦虑的自我调节技巧，里面的内容你可以一一掌握，也可以不面面俱到。掌握几种最适合自己的调适方式，当你感到焦虑时能够熟练运用，从而解决问题即可。也可以常加练习，内化成自己的本领，把调适当成自己的日常习惯。第三部分主要是针对家庭的支持。家庭是孩子成长的安全基地和避风港，孩子遇到问题能够靠岸停一下，补给好能量才能够继续航行。如果学生遇到压力问题，家长能成为孩子的坚强后盾，及时帮助学生解决问题才能促进孩子的成长，这对孩子来说也是至关重要的。这部分用递进的方式给家

长提供了5种可用的方式方法，供家长参考：倾听、理解、陪伴、支持、促进。第四部分主要推荐其他三种方式，比如学生在学校学习时，有问题能够求助老师是一种便捷的方式，相对来说，老师是最懂学生的，并且具有一定的经验，有效地利用好老师的帮助也是一种不错的选择。当然，同伴关系在学生生涯中也是相当重要的，遇到问题能够及时得到同伴的支持有时大于老师和家长的帮助。因为同伴是同龄人，更能站在类似的立场上理解自己。最后，也是最有效的办法，就是求助专业人士。所谓"术业有专攻"，专业的事情交给专业的人，可以达到事半功倍的效果。在最后一节我们把求助专业人士的重要性和求助方式做了详细介绍。

青少年代表着未来，是祖国的希望，愿这本书能够给在希望大道上奔跑的孩子提供一些参考。"加一点点油"，让孩子能够在这条成长的道路上奔跑得更顺利！

目　录

25 招缓解学生焦虑

第一部分

学生对焦虑情绪的识别

我们是过去的产物，但我们不必成为过去的囚徒。

——华理克

生活会给你任何对你的意识进化最有帮助的经验。

——埃克哈特·托利

成功不是最终的，失败也不是致命的，重要的是继续前进的勇气。

——温斯顿·丘吉尔

1．总是担心、害怕，感到紧张不安，有时会感觉自己将要发疯

案　例

　　小李是被妈妈和姑妈带来咨询的。第一次咨询时，他坐在诊疗椅上，身体偏向外侧，不敢面对咨询师，咨询过程中头一直低着，不断抠着自己的手指，整个人显得心神不定，咨询师很明显能感觉到他的紧张。问他问题的时候，半天才蹦出一两个字："嗯""是""可以""好"……交流起来十分困难。

　　小李是一名高中生，小学时随父母外出，在父母打工所在地上学，初中时回到老家。上初中后他感觉自己有点害怕与人交往，和同学相处时不知道该说什么，一说话总是会感到紧张不安，不能很好地融入同学中去，总感觉自己像一个局外人。不过由于他的成绩在班级中名列前茅，使他能够找到自我价值，心理上可以达到平衡，加上同学有不会的问题总是请教他，而他也总是乐于帮助同学。这种被动的人际交往让小李感觉还可以，所以初中时人际关系中存在的短板没有暴露出来，一直维持

在假性平衡之中。

中考时小李顺利考上当地最好的高中，同学都是来自各个学校的尖子生，小李的成绩一下子就没有了初中时候的优势，考试排名下降幅度比较大，只能排在班级的中间。他原本就柔弱的心灵扛不住这突如其来的变化，于是焦虑感倍增，开始担心自己的学业，并感觉越来越自卑，甚至觉得自己能力不行。可是他越害怕成绩越下降得厉害，最后发展到在教室里坐着都感觉难受别扭的地步，他紧张不安，只觉得整个人都快要发疯了。

小李其实从小性格就比较内向，人际交往本身就存在问题，他在与人交往时会出现担心、害怕的情况，一旦遇到陌生人就会局促不安。由于从小成绩突出，家人和自己都忽视了这一短板，导致高中时所有问题一股脑出现。小李一下扛不住骤增的压力，人就垮下来了。

2. 胸闷、呼吸困难、心率过快、有时会有窒息感

案　例

周末，初二的小王和闺密在公园里玩，母亲打电话过来催促她回家。由于没有玩尽兴，小王就没有理会母

亲，这下把母亲惹急了，责怪小王不听话，没有时间观念，不知道尊重人。由于和闺密约好的事情还没有结束，小王试图跟母亲解释一下，可母亲的脾气已经上来了，根本不听小王的解释。小王一下子陷入两难的境地，心里又急又气，感到束手无策。在僵持的过程中，小王逐渐感觉胸闷、呼吸困难，心跳也开始加快。闺密正要劝小王赶紧回家的时候，发现了小王的状态不对，察觉到她喘不上气，快要窒息，闺密很害怕，赶紧拨打了120。在救护车送她们到医院的过程中，小王在医生的引导下调整呼吸，上述症状慢慢减轻，到医院时基本没有什么异常了，检查后也没有发现任何器质性的疾病。

小王已经不是第一次出现这样的情况了，在学校只要感觉压力大，她总是会出现胸闷、呼吸困难等症状，如果不及时调节，甚至有窒息的风险。和小王讨论的时候，咨询师发现小王母亲从小对她要求特别严格，遇到问题根本不给她解释的机会，反而一股脑将全部责任推在她身上，再加上小王的小学学习成绩一直未达到父母的要求，她对父母的批评也不敢反抗，凡事总是忍着。上初中以后学习强度提高，同学之间人际交往也越来越复杂，小王心理负担更重，学习成绩一直下滑。小王拼命努力想做好所有的事情，可没有一件看到成效，她内

心积攒着巨大的压力，出现这些症状便是所有问题累积的结果。

小王来咨询时，咨询师对小王进行了指导，教会她呼吸放松的技巧，同时调整了父母对其合理的学习期望值，并和她讨论了适合她的学习方法和一些与人相处的技巧。小王在逐渐掌握了解决问题的技巧之后，上述症状就没有再出现过了。

3. 经常发脾气，想控制但控制不住

某个星期六下午的门诊，咨询室来了一名脾气非常大的女孩，10岁，上小学四年级。妈妈和她刚踏入咨询室，我就明显感受到了她满身的怒气。她与妈妈非常敌对，妈妈随便一句话就能把她点燃。比如，妈妈从包里拿出水杯，想让女孩喝口水，女孩则以很不耐烦的语气怒斥妈妈："我不喝！你总是让我喝水，烦不烦啊！"妈妈想和我先交流一下她的情况，便让她到咨询室门口等一会儿，她也是很生气地说道："屁事儿真多！烦死了！"

在和妈妈交流中，我了解到孩子最近情绪问题比较

严重，脾气非常大，经常控制不住发火，一点儿小事都能让她暴怒。了解完基本情况后，我让妈妈先到咨询室门外等一会儿，并让女孩进来。我们呈 45 度角对坐着。面对陌生人，女孩努力克制情绪，不过我还是从她眼神里感受到一些不满和愤怒。一般孩子出现这种情况，往往都是遇到事情了，而我必须耐下心来，帮她缓解压力，找到问题症结，从根源上消除掉她内心的焦虑和痛苦。于是，我专注地看着女孩的眼睛问："我感觉到你很愤怒，可不可以和我聊聊发生了什么？"

　　女孩沉默，我不断向她传递我的善意，给予她关注的眼神，让她感觉到她是被关注的、被看到的。在感觉到温暖后，她慢慢放下心理防御，与我聊起了她的一些问题。随着沟通越来越深入，她的问题也越来越明朗，我从她很多看似没什么关联的话语中逐渐摸清了她心理问题的根源。原来她父母想要瞒着她生二胎，她从奶奶那儿得知了这个消息，内心顿时产生了巨大的失落感，觉得父母不尊重自己，甚至对父母产生不信任感。可是她自尊心又比较强，不愿意为此质问父母，可这个事情一直憋在她的心里，就像纸包着一团火，从遇事不冷静，逐渐衍生到不管遇到什么事情都想发火，甚至是无缘由地发脾气。而父母只看到了女孩发脾气的一面，却没有

及时进行沟通，总觉得女孩是无理取闹，不可理喻，经常训斥她，导致她更生气，于是问题越来越严重，甚至到了在家里无法解决的地步，最后不得不来心理门诊咨询。

4. 总是想一些不必要的事情，各种想法在脑海中挥之不去

案例

小毛是一名14岁的初二男孩，最近总是感觉自己大脑不受控制，反复地想一些不必要的事情。小毛试图控制，可怎么也停不下来，像是被什么魔力掌控了一样。全家人看他一直这么胡思乱想，也跟着痛苦，甚至怀疑小毛是不是得了强迫症。

爸爸和妈妈把小毛带到心理门诊咨询，描述症状的过程中我能感觉到父母的那种焦虑情绪。我觉得小毛的父母似乎也受到小毛的影响了，只是反反复复地说话，却毫无逻辑。我让他们慢慢冷静下来，和他们一起分析了小毛的情况。小毛的问题是人在压力大的时候容易产生的一种思维状态，和强迫症是有一定区别的。强迫症是需要符合一定的诊断标准，由精神科医生进行诊断的

一种精神疾病。强迫症既包含了强迫思维，也包含了强迫行为，对生活的影响往往达到了一定的程度。从小毛目前的情况来看，只是出现了焦虑的症状，只需要缓解小毛的心理压力，这个症状自然就能够消失。

其实学生在受教育的过程中，一直都在进行强迫性的训练，总是被要求不能做什么，不能说什么，做任何事都要追求极致，做到最好。当这种训练被强化到一定程度，超出学生能够接受的范围以后，学生就有可能出现一些强迫性的思维。作为家长，我们要做的是告诉孩子，我们不要求他们必须完美，他们可以有各种各样的缺点，也可以犯一些普通的错误，要"有所为"也要"有所不为"。当大人苛求孩子时，孩子为了讨得大人欢心，就会不停苛求自己，如果对自己施压过度，他们怎么可能一直保持健康的心理？作为孩子，要知道自己需要什么，哪些方面会有压力，及时按照本书后续提供的方法进行调节，就会避免出现更严重的问题。

5. 感觉恍恍惚惚，好像周围的一切都不真实

案 例

　　"老师，我总觉得眼前的世界不是真实的，像是隔着一层雾，朦朦胧胧的。"

　　"老师，我感觉每天浑浑噩噩的，头脑不清醒。"

　　说出这些话的是名 16 岁的女孩，正读高中一年级，戴着红框眼镜。在整个咨询的过程中，她吞吞吐吐，说的每句话都要仔细斟酌，特别小心，生怕出错。据她所说，这一年多以来，自己一直处于恍惚状态，经常出现不真实感，人整天迷迷糊糊的。和她深入沟通后，我发现她出现这个问题的原因是上高中以后学习难度增大，在学习上她越发感觉吃力，同时班上同学都是当地的尖子生，每一个人都特别优秀，她感觉自己不如别人，就把所有的时间都用在学习上了。再加上她一直以来不爱运动，整天待在教室里，根本没有放松的时间，身体到了高一下期就已经开始吃不消了，但她没有意识到问题，家长也觉得高中生就是这个样子，没有及时调节，导致上述症状出现。

　　咨询中，我和她讨论如何更加合理地安排学习时间，教会她一些自我放松的方法，学会用碎片化的时间来放松，同时让她父母周末带她爬爬山，做一些运动和娱乐活动。两个星期后，女孩症状出现的次数明显减少。

6. 总是感觉头晕、头痛

星期四下午的心理门诊咨询室来了个 12 岁的女孩和她的父亲。女孩佝偻着背，脸色苍白，说起话来有气无力，似乎生了一场大病（看起来完全不像个 12 岁的孩子该有的样子）。她的父亲焦急地解释着她的表现。

"医生，她前一段时间总是说自己头晕乏力，我和她的母亲一开始没有当回事，只是认为她没有休息好。这几天她开始喊头痛，我们去做了各种检查，也没发现有什么器质性的问题。神经内科的医生建议我们来心理科看一下——你看嘛，她这样萎靡到底是什么原因呀？咋就检查不出来呢？"

这位焦急的父亲并不明白，女孩的表现有可能是因为心理问题引起的躯体化反应。我大体了解了女孩的一些情况后，再次与她深入交流，最终确定她是由于最近半年准备小升初考试，每天的时间被安排得非常满，课

后又参加各种补习，所以觉得头昏脑涨。再加上前一段时间，她和几个女同学闹矛盾，被孤立后，关系一直得不到改善，这些事情她都不敢和父母倾诉，因为父母只会认为是她自己没有做好。女孩一直将这些都压在心里，导致每天睡觉都不踏实，开始只是头晕，后来慢慢发展为一阵阵的头痛，整个人也感觉昏昏沉沉的。

我和孩子一起讨论后制定了调整方案，并给父亲进行了心理教育，让家长建立起和孩子之间的良性沟通桥梁。咨询结束后，父亲明显不焦虑了，孩子也有一些释怀。目送父女俩离开咨询室，女孩的身影虽然依旧弯曲，但我能感觉到她内在的力量在生发。经过 4 次咨询，女孩的症状基本被控制住，她的父母也学到了一些支持女孩的方法，亲子沟通呈现良性发展态势。后来，双方都觉得他们可以自行调整了，自此咨询结束。

7. 没有胃口，严重时会有一种恶心想吐的感觉

案　例

　　初二的小美最近经常出现恶心的症状。父母非常担心，怀疑小美的胃肠道出现了问题，带小美到医院看医生，他们经过一系列检查后，却发现身体机能没有问题。于是在其他科室医生的建议下，小美来到了心理门诊。

　　小美说："医生，我最近总是感觉恶心，而且经常拉肚子，有些时候还感觉肚子里咕咕噜噜响。"

　　我问："持续有多长时间了？"

　　小美回答："有半个月。"

　　我继续问道："只有这些症状吗？还有没有别的？"

　　小美补充道："自从上了初二以后，我总感觉没有胃口，很多时候都不想吃东西，只是最近一段时间才开始出现恶心的症状。我和父母说了后，他们以为就是普通的肠胃炎，母亲还给我买了药。"

　　现在药店零售终端比较发达，一些小病的治疗药物很容易被获取，所以很多人有了一些器质性症状后，都习惯自诊自医，往往忽略了对心理问题的检查，然而很多器质性的症状有可能是由心理问题导致的，这样就容易舍本逐末，产生不了好的治疗效果。那天，我和小美

进行了深入交流，最终确定肠胃不适是由她自身的焦虑引起的。初一下学期时，小美在学习上已经感到吃力了，不过当时她没有太在意。上了初二后，学习压力越来越大，这些实质性的症状开始慢慢出现。我向小美推荐了一些有效减压的方法，让她回去试着练习，并坚持进行一段时间的心理咨询。

很多人并不了解自己的内心，也不知道自己内心的压力已经持续一段时间了，直到最后出现一些躯体化症状才开始意识到问题的严重性。所以我们要想办法了解自己的内心、了解自己的状态，在压力初现时就及时进行调节，避免问题越发展越严重。

8. 总是紧张出汗、手脚发抖打颤

妈妈带女孩来到咨询室，母女俩坐下以后，我能明显感觉到女孩身体在发抖，试探着和女孩交流后，发现妈妈在场会让她很不自在，我就让妈妈到咨询室外等候。女孩这才慢慢开口讲述起她的痛苦经历，整个过程中她的手脚一直发抖打颤，额头直冒汗，说话时都带着哭腔。我询问女孩这些症状平时是否明显，她则表示最近经常这样，遇到陌生人症状会更严重，这是明显的焦虑症。其实很多心理上或者精神性的病症都能在躯体上有所体现。

"医生，自从她上五年级后，就开始有这些症状了。"女孩的妈妈随后进入诊室补充道。目前，女孩刚上六年级，在校一直出现上述症状，学校老师建议家长带孩子来看心理门诊。"她就是不好好学习，成绩下降，导致心理压力大。另外，她总是抱怨我们偏心妹妹，心里恨妹妹……"妈妈开始喋喋不休，让人感觉这不是在陈述病情，而是一个怨妇在不停地抱怨，表达自己的不满。我理解了女孩刚进诊室时的不自在，我听了都感觉难受，于是立即制止了妈妈的话。

孩子已经很焦虑了，这时候任何人的评价都会加重她的内心压力，更何况是来自妈妈的话。妈妈说的这些根本无法解决女孩的问题，还容易雪上加霜，让女孩更难受。女孩目前的情况肯定是遇到问题，压力太大了。作为父母要学会倾听孩子的话，尝试去理解孩子，做好孩子的坚强后盾，这样孩子的症状才有可能逐渐缓解。

9. 总是感觉别人不喜欢自己，认为自己比别人差

案例

　　莎莎妈妈单独约了一次门诊咨询，向我反馈说："最近，莎莎的自卑感越来越强了，觉得自己什么都不如别人。医生，你有什么更好的办法缓解吗？"我建议莎莎妈妈带她来咨询门诊，提高心理咨询的频次。因为怕耽误学业，莎莎的咨询不是很规律。提起莎莎，我总觉得这个女孩有些可怜，爸妈在她很小的时候就离婚了，而且爸爸不是个有担当的男人，离婚后很快重组家庭，似乎忘了自己还有一个女儿，再也没有主动跟莎莎联系过。

　　莎莎对爸爸有很深的感情，有次她实在太想爸爸了，就偷偷到了爸爸的新家，而爸爸对同父异母的弟弟嘘寒问暖，对她则有些排斥。那一家三口在一起的温馨场景深深地刺痛了莎莎的心，她甚至觉得连爸爸都不喜欢自己，那可能没有人会喜欢自己了。不被人喜欢都是因为自己不够好，从那以后她就变得越来越自卑，并逐步演变成一种严重的心理问题。

　　接下来的咨询，莎莎来得比较有规律了，在多次的咨询过程中，我尽可能疏导她，让她逐步摆脱自卑心理的控制。我知道这是一个很漫长的过程，她在成长过程中需要重塑自我。我作为一名心理治疗师，只能协助她尽可能加速这一过程。

"幸福的家庭都一样，不幸的家庭却各有各的不幸。"许多有心理问题的孩子都在承受着来自家庭的压力，那些幼小的心灵里，密布着隐约可见的细微裂缝，只希望他们能具备强大的自我修复能力，许多年后，他们才能成为不受童年拖累的成年人。

10. 总是觉得不能把自己的事情做好，莫名焦虑、担心

案　例

"妈妈，为什么小王、小张他们都突然不理我呢？甚至没人愿意跟我说话，是我做错了什么吗？"

"妈妈，为什么班里一有人找不到作业，我就觉得有怀疑的目光在注视我，这种感觉好奇怪。"

"妈妈，我有预感明天数学考试我的附加题会全部答错。语文的阅读理解我也没把握，要是写不完作文该怎么办？英语考试一开始放听力的录音时，我就会紧张得想上厕所。怎么办？"

"妈妈，我没日没夜地学习，把能用的方法都用上了，可这成绩总是上不去。我太笨了，不是学习的料，周老师肯定越来越讨厌我，我该怎么办？！"

"妈妈，我喘不上气。你看，我使劲深呼吸了，但还是喘不上气，我是不是快不行了？我最近总有这种感觉，我是不是该去看医生？"

"妈妈，我今天上完体育课，回到教室，刚坐下就觉得地面在晃动，是不是地震了？我问同学，他们都说没有，可我真感觉到了，怎么会这样？"

…………

此刻，我一边接着欢欢妈妈的电话，一边翻看着咨询记录本上以往的记录。短短三个月内，欢欢妈妈通过打电话的方式，多次向我咨询欢欢的问题。我能想象面对欢欢各种各样的忧虑，更为忧虑的想必就是欢欢妈妈。比如欢欢妈妈总是会急迫地问我，然后又自问自答一般："医生，你说是不是欢欢的学习压力太大了？我把物理的培训班都帮他停了，他还总是担心这个紧张那个，总害怕做不好带来不好的结果，我只能开导他，有妈妈在，不用怕……"

放下电话，那句"有妈妈在，不用怕"仍萦绕在我耳畔，可这句"灵丹妙药"什么时候能真的起作用呢？

11. 总是做噩梦，睡眠质量差

案　例

　　我第一次见到女孩的时候，就能感觉到她整个人的状态不太对劲。刚满 12 岁的她看起来却一点儿也没有活力，头发略显干枯，脸色苍白，眼神黯淡无光，眼周隐约可见泛青的黑眼圈。她安静地坐在诊疗椅上，目光呆滞，说话有气无力。"医生，我总睡不着，即使睡着了也一直做梦。像是在演连续剧，一集又一集的。我有的时候还醒得特别早，凌晨三点就醒了，醒后要很长时间才能再次睡着，所以上课的时候老犯困。最近噩梦也特别多，总是梦到有人在追我，有的时候甚至梦到有人拿着刀，在追杀我，有的时候又梦到被蛇咬，经常被吓醒。"

　　失眠多梦是焦虑可能产生的主要症状之一，要想把问题从根源上解决，首先应该梳理一下焦虑产生的原因。不管是学习压力，还是人际交往，都要除根，否则问题会一直困扰着你。其次，可以从调整生物钟入手，最重要的是每天固定好起床时间，不管前一晚睡得如何，到点一定要起床，白天尽量不睡觉，即使困的话，中午也只睡 20 分钟或短暂闭目养神，保证下午有精力就可以了。晚上睡不着的话也不要心急，可以闭上眼睛等待自然入

睡。这样坚持一段时间，在解决完第一个问题的前提下，把生物钟调整过来是没问题的。

目前，学生失眠的问题越来越普遍，出现这个问题的主要原因是生活节奏不断加快，当前很多学生的娱乐方式单一，加上电子产品的普及，手机几乎成了人类的外置器官，这种生活不健康的状态必然导致睡眠问题的出现。宇宙的运行规律界定了我们"日出而作，日落而息"的睡眠规律，但是我们却在忽视规律，无数人或者清醒地沉迷于黑夜，或者痛苦地辗转反侧。无数人丢失了睡眠，也丢失了健康。

12. 睡觉时感到不安，不敢一个人睡觉，甚至害怕一个人呆着

 案　例

这是一个小学四年级的男孩，他总是不敢一个人睡觉，晚上待在黑一点的地方就害怕，睡觉时总是说梦话，一开始家长不认为他有什么问题。一次偶然的机会，男孩的父亲认识了我，知道我是从事心理咨询工作的，顺便聊起这个问题，才开始引起重视。

父母一直想和男孩分床，让他一个人单独睡，但在

实施的过程中发生了上述问题，父母尝试了各种办法，这个问题却一直得不到解决。一开始父母只是认为他从小就黏人，可能产生了过度依赖的情绪，所以没有太过于在意。父亲认识我之后，觉得还是有必要把孩子带过来看一下，于是我就在咨询门诊见到了这个男孩。男孩阳光帅气，说话口齿伶俐，看似一切都挺正常，没有什么问题。深入交流之后我才发现，男孩其实在与同学相处过程中存在一些问题。他的朋友看似很多，都很要好，但是他总是觉得内心压抑。我细问他和同学之间的相处模式，发现他总是习惯于忍让或讨好别人，即使自己不高兴也不敢表露出来。深究其原因，主要是他从小同表弟表妹住在一起，同时被父母要求遇到问题要让着弟弟妹妹。懂事的他也觉得这是应该的，所以逐渐形成了忍让的处事方式，很多同学因此也很喜欢他，可他过得很累，加上他喜欢踢足球，爱运动，平时看着很开朗的样子，让人想不到他心理出了问题，殊不知他的内心其实很压抑。良好的人缘、热爱运动的习惯可以暂时缓解他的负面情绪，但是问题得不到根本解决。看似一个人不敢独自睡觉、一个人待着总是不安的症状和这些因素毫不相干，可就是这些因素造成了男孩心理上的压力，压力大了便产生了莫名的恐慌，不去找专业人士讨论，怎么能

够及时发现呢？其实在分床之前，他已经表现出不安和胆小的迹象，只是家人没有重视而已。

很多学生，特别是小学低年级学生出现不安、不敢一个人睡觉，甚至害怕一个人待着的情况，很多时候确实和对父母的依赖有关，父母应采取合理的方法减少孩子的依赖性，但不是所有问题都是这样的，就像这个男孩，家长要多和孩子沟通，不要主观臆断，一定要找到问题的症结所在，避免问题累积，对孩子影响越大。如果自己实在找不到问题根源，建议前往心理咨询门诊，寻求专业人士的帮助，做到"早发现，早处理"。

13. 离不开父母，不敢出门

案　例

这是一个小学二年级的女孩，性格腼腆，躲在妈妈后面，不敢和我说话。根据妈妈描述，女孩上了小学二年级以后，不知道什么原因总是不想去学校，问她怎么了也不说。一开始在父母的逼迫下她不情不愿地去了，但每次父母都要花费大量精力与女孩进行"拉锯战"，两边都痛苦。慢慢地时间长了，不要说去学校，孩子连门都不愿意出去，并总是在妈妈面前哭哭啼啼。最终，在老师的协助下，父母和孩子沟通后发现，原来是孩子长期在学校被同学欺负。一开始孩子告诉父母的时候，父母认为只是同学之间的小摩擦，不算什么大问题，觉得是孩子太矫情了，便没有在意，最终导致了问题发生。家长实在没有办法让孩子去学校，来看门诊前就选择了让女孩休学。如果问题在萌芽状态时，就及时合理地被发现并处理，就不会造成孩子只能休学的情况。

　　校园欺凌是一个亟须重视的问题。这种情况在学生中时有发生，开始大都会被老师和家长误解或忽视，很多问题都是发展到了严重的时候才被家长和老师重视。如果孩子性格本身比较懦弱、偏内向、不爱与人交流、遇事容易退缩，那么，家长更需要注意。这类孩子往往可能会给他人留下好欺负的印象，孩子本身也容易出现一些消极的自我认知，觉得自己不如别人。对这类孩子，家长应及时协助孩子处理面临的各种问题。另外，在孩子遇到问题时，家长一定不要掉以轻心，要学会站在孩子的立场去思考他提出的问题，从而更好地帮助孩子，避免问题加重。

14. 不喜欢和不熟悉的人在一起，如果在一起会感到紧张、害羞、说话困难

案 例

　　红红被母亲带来咨询室咨询时，我感觉到她面对我不知道如何是好，从她的表情里也能明显看出紧张的情绪。小姑娘红着双颊，额头上微微冒汗，说话吞吞吐吐，眼神中略带害怕。

　　"医生，很多年了，这个孩子一遇到陌生人就紧张，也不敢和陌生人接触。如果和不熟悉的人在一起，她就会感到紧张、害羞、说话困难。有时候我们带她出去和朋友聚会，她一下午都不说一句话。"红红的母亲焦急地说道。

　　我让红红妈妈不要着急，坐下来慢慢说。红红在诊疗椅上坐着，被紧张包裹，完全不知所措。我先是有一搭没一搭地与红红聊了会儿天，让她打消了对我的顾虑，才开始询问她的感受。红红卸下心防后对我说了很多，比方说从小她就害怕出门，不喜欢人多的地方，在学校别人一说她的问题就紧张，总是害怕在老师面前出错，等等。我们沟通的过程中，她还是略显紧张，直到第一次咨询结束时，她才慢慢放松下来。

　　红红的问题其实在学生群体中比较常见，只是可能很多学生的表现没有红红那么明显，这属于社交焦虑，具体可以表现为学生适应能力差，不能很好地融入群体。红红可能缺乏对自己的社会定位，不确定自己应该扮演什么样的角色，因而在人群中总是有一种游离感，像是与社会脱节一般。对这类问题很多家长不够重视，认为孩子只是内向，长大就好了。这是一种误解，家长及时给予孩子指导是非常重要的。其实我们每个人都经历过很多困难，某些时刻都会有害怕担心的情绪。人的第一次创伤就是出生，母体对当时的我们来说是最安全的地方，离开母亲身体的那一刻，我们就要独自面对这个未知的世界，就会有焦虑担忧。孩子成长的过程就是适应的过程，也是社会化的过程，需要家长和老师及时教育引导。如果家长在自己引导孩子时存在困难，就应该及时寻求专业人士的帮助，这样对孩子的身心健康才更有利。

15. 觉得自己能力减退，学习效率下降

案　例

　　"医生，我觉得我不如别人，不仅学习效率下降了好多，成绩也下降了，我是不是变笨了？"那个 18 岁女

孩在一个阴云密布的下午找到我，倾诉着自己的苦恼。她正面临高考，关键时刻却感觉自己不行了。

我认真倾听，和她一起探讨，逐渐让她意识到这只是心理压力过大导致的。每到中考和高考季，都会有一些孩子"突然"产生心理问题，最明显的表现就是开始质疑自己的能力。这些孩子来找我咨询也不过是在进行一种自我解压。每个人的人生都会有几个特别重要的节点，在那个节点上，不管是谁都会面临超出往常的压力。我们要做的，就是想办法把压力值降低，让自己甩掉心理包袱，轻装上阵。我和那个女孩聊了一个小时，直到女孩深吸一口气，又缓缓地吐出来。她笑着向我致谢，似乎重新找到了信心，随即便义无反顾地离开咨询室。外面风雨欲来，但我想，一场暴雨过后，她会见到彩虹吧。

16. 害怕上学，不想去学校，去学校就会头痛、肚子痛等

小王是一名初二的女生，最近在学校待一会儿她就感觉头痛，有时莫名其妙地感觉肚子疼。妈妈带她到医院消化内科和神经内科检查，均没有发现问题，在神经

内科医生的建议下，母女俩来到心理咨询门诊。

　　"医生，不知道什么原因这两个月以来我经常头痛，特别是一到学校问题就加重。最近两周在学校还出现过肚子痛的症状，我没办法在学校待下去了。"和小王深入交流后，我发现小王在学校压力特别大，她很想把成绩提上去，可是每每做完一个完美的学习计划却没坚持几天就放弃了，成绩一直上不去。学校老师要求又特别严格，小王的神经每天处于紧绷的状态。加上前两个月和同学之间出现矛盾，有两个以前的好朋友不愿意再和她来往，小王心里更加郁闷。她的身心状况就像开关一样，不在学校时都是好的，一进校门，开关打开，她就开始难受，后面甚至发展到害怕去学校，小王每天过得非常痛苦。

　　小王的问题其实在门诊会经常遇到，当学生在学校感觉压力大的时候，会莫名头痛、肚子疼等。我也曾经遇见过一个上小学的男孩，他有段时间一进学校就头晕、浑身疼，开始父母都认为是他身体出了毛病，经常看专科医生，后来深入了解后才发现是孩子在学校压力过大，恐惧上学而产生的生理反应。作为父母，一定要了解孩子在学校和家里的不同情况，当孩子有压力的时候及时疏通，并做好理解和陪伴工作，在合适的时候促进孩子的成长，教会孩子面对问题、解决问题的能力。

2

第二部分

自我调适

自助是最好的帮助。

——佚名

如果你不喜欢什么，就改变它。如果你
不能改变它，那就改变你的态度。

——玛雅·安吉罗

对自己要有耐心，自我成长是温柔的，
是神圣的，没有比这更大的投资。

——史蒂芬·柯维

- 1 -

接纳当下的状态

> 对待生命你不妨大胆冒险一点，因为我们始终要失去它。如果这世界上真有奇迹，那只是努力的另一个名字。生命中最难的阶段不是没有人懂你，而是你不懂你自己。
>
> ——尼采

"接纳"这个词你可能听说过很多遍，周围的人也可能经常提及，也许你的耳朵都磨出茧子了。可是它的内涵之丰富，底蕴之深厚，远超出你的想象，它值得每个人用心修炼。你能够做到"接纳"的话，将让你的人生受益匪浅。

"接纳"，顾名思义，接受容纳，它不仅仅指的是接受，还有容纳在里面。不管我们身边出现什么情况，比如某个想法、某件事、某个东西、某个特定的观点或者某个欲念，等等，我们都要学会释放自己，接受这一切，让自己融入其中而不被其束缚，并且可以随之或翩翩起舞，或游弋其中。要做到顺其自然，不强

求、不抗拒、不挣扎，顺心而为。就好比孙悟空在如来佛祖的五指中，怎么折腾都逃不出如来佛祖的"五指山"。那些事务就是"孙悟空"，我们来做"如来佛"。作为学生，我们如果遇到问题，特别是当下教育中的问题，不要只会抱怨，因为抱怨没有用，它反倒会让我们更不开心，而是要学会接纳，要趋利避害，找到对自己有帮助的方式，才是对自己最大的负责。

为什么我们会焦虑呢？主要是我们不断地在做评判，和经历的其他事情相比较，和我们的期望与标准进行比照，总是担心自己不够好，担心一些问题出现，担心有人在背后说自己。我们总

是戴着一副有色眼镜看待问题，这往往会让我们陷入焦虑不安之中。我们应该终止一切评判，任由事物发展，不去纠结是好是坏。其实扰动我们的是我们的那颗心，是对自己执念的固守。仔细思考你就会发现，往往是我们自己羁绊了自己，自己禁锢了自己。不信的话，你回想下过往的抱怨和评判，又有哪一个是解决了问题的？你批评老师不够好，不想听他的课；你抱怨应试教育，学习中有怨气；你认为同学毛病多，不愿意和他交流；你总是担心考试不好，精神紧绷……你仔细想想，哪一项让你好受了？哪一项让你获益了？这样只会出现更多阻碍，而问题却得不到解决。

我们只是观察自己以及周围发生的一切，承认它们的存在，不指责批评，也不固执坚守，不评判，而是顺其自然。当然也要认识到我们有时会不自觉地进行评判，我们要意识到这些评判会限制我们的思考，我们要拥有一颗宽容的心，接纳这些评判。如果我们一不小心做了评判，就不要再继续下去了，接纳当下发生的一切，让其顺水而流，我们要做的只是静静地看着它。

当你完全沉浸于当下，接纳所发生的一切，不强求、不执着、不拒绝的时候，一些奇妙的事情就会发生：烦恼逐渐消散，宁静随之而来，智慧也悄然生芽。不管你处于什么样的情绪状态下，都可以尝试，十分有效。

这里要注意的是，"接纳"不是要你"躺平"（网络流行词，指无论对方做出什么反应，你内心都毫无波澜，对此不会有任何

反应或者反抗，一种顺从心理）。接纳的目的是让你回归到一个良好的状态中去，继续做当下正在进行的事务，不带焦虑，轻装上阵，让你的小舟畅游在宽阔的海洋中。

学生的焦虑，很多时候是由于对家庭、学校环境、同学和老师的抱怨，这只会让自己陷入痛苦之中。接纳自己的家庭，接纳目前的学习环境，接纳当下的同学关系，接纳教我们的每一位老师……在接纳的基础上，寻求更好的解决问题的方式，这有利于保持自己的身心健康。

运用你的心智和身体接纳一切，打开自己的真心并允许自己全然体验当下的每时每刻。

最后，我想分享玛莎·M.莱恩汉所著的*Building a Life Worth Living*中引用的一个故事：

有位男士购买了一栋新房子，计划在房子后院建造一个美丽的花园。他遵从园艺书籍中的详尽指导，十分卖力地在花园里劳作，但花园的草坪上还是会经常出现很多蒲公英。第一次发现那些蒲公英时，他认为只要简单地把它们拔了就行，但事情没有那么简单。于是，他开始使用除草剂，短期内还挺管用，但很快这些蒲公英就又长出来了。然后，他就更加卖力地劳作，双管齐下，一边拔除蒲公英，一边施用除草剂。一时间蒲公英全部消失了，或者说至少他深以为然。

但是，第二年夏天，蒲公英卷土重来。于是，这位男士认为问题出在草的种类上，他花了一大笔钱铺设全新的草皮。这招很奏效——蒲公英全部消失了。他十分欣喜，开始尽情享受他的美丽花园，但蒲公英很快再次现身了。

有位朋友告诉这位男士，其他邻居的花园都会有这些令人讨厌的杂草，于是他就跑到所有的邻居家劝说他们清除蒲公英。邻居们都照做了，但依然无济于事，蒲公英还是会接着长。

到了第三个年头，这位男士已经被激怒了。他先是向当地专家请教，阅读了更多与园艺相关的书，还是没能找到彻底解决蒲公英的方案。于是，他写信给美国农业部寻求建议，深信那里的专业人士肯定能帮上忙。

数月之后，他收到了一封官方回信，他非常兴奋，觉得这次终于有人能帮上忙了。他开始读信："尊敬的先生，我们认真思考了您的问题，并且咨询了我们所有的专家。经过慎重考虑，我们为您提出的最佳建议是，先生，请您学着爱上那些蒲公英。"

— 2 —

呼吸放松

> 世界上最宽阔的东西是海洋，比海洋更宽阔的是天空，比天空更宽阔的是人的心灵。
>
> ——雨果

呼吸无时无刻不伴随我们，是我们生存的最基本条件之一。通过有意识地进行深呼吸，我们可以把注意力从身体外部转移到身体内部。随着大量氧气的进入，血液含氧量升高，器官的代谢进入平衡状态，脑电波也会从 β 波状态转换到 α 波状态，频率降低，人自然就放松下来，感觉到松弛。呼吸还可以把人带入催眠状态，使人身心放松，是帮助人快速平静下来的方式之一。

呼吸是缓解焦虑情绪最简单实用的方法，它可以让我们释放压力，放松身心。这里介绍两种具体的方式。

正念呼吸

停下你手中的事情，找个舒适的凳子坐下来，把注意力集中在你的呼吸上，全身心地去感受它，感受气体吸入体内的感觉，同时去观察呼出气体时自身的状态。不用刻意练习，也不用感受呼吸有什么特别之处，更不用去评判它的对错，只是静静地看着它、感受它，让它自然流动。这样做可以让你焦虑的思绪从遥远的将来拉回来，回到此时此刻，专注于当下。

正念呼吸　　　　　　　　腹式呼吸

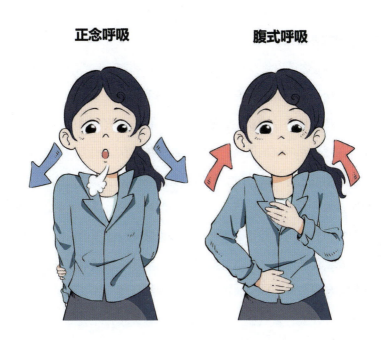

这种方式其实可以用在任何时候、任何地方，只要集中注意力在自己的呼吸上即可。如果你练习的时间长了，就会有奇妙的发现，你对焦虑情绪的处理会游刃有余，逐渐对当下身边的事情觉察得更敏锐。

当然，你也可以每天定期（起床时、熄灯后、课间十分钟、午休时间等）做一下这个练习：吸气——深深地吸，呼气——缓缓地呼。在一吸一呼中放空你的大脑，松弛你的身心。如果你发现自己走神了，请重新集中注意力继续练习。

腹式呼吸

同样，你可以找一个舒适的位置坐下来或躺下来，双腿分开，双脚向两侧自然伸开，一只手放在肚脐上，另一只手放在身体同侧，保持身体的松弛状态，缓慢呼吸，仔细观察和感受自己的身体，在呼气和吸气的同时，去关注腹部的起伏。闭上眼睛，保持这种深而慢的呼吸几分钟，然后把身体同侧的手放在前胸，同时把注意力放在自己的呼吸上。吐气的时候，尽可能多地排出体内的空气，暂停两秒后接着再开始缓缓地吸气。吸气的时候，横膈膜下降，使肺部扩张，尽可能多地吸入空气，试试再多一些，让胸腹部尽量鼓起，同样暂停两秒，再缓缓地将空气从肺部排出。如此循环往复，重点在于感受这整个过程。腹式呼吸每天可以练习两次以上，每次 10~20 分钟为宜。

有意识的呼吸练习可以缓解压力和紧张，能够让身体积蓄能量，提高耐力，并且能够增强你的情绪控制能力，甚至可以预防生理疾病，提高注意力，促进身心健康。

作为学生，你可以把这两种呼吸练习放在每晚睡觉前或是课间十分钟。如果你刻意练习一段时间，掌握后便可以应用在任何时候、任何地点。焦虑的时候进行呼吸练习可以缓解焦虑，没有焦虑的时候练习可以平衡自己的状态。当然呼吸放松不仅仅这两种，你也可以学习其他的呼吸放松方式，只要你能熟练掌握一两种，作为自己常备的放松工具就可以了。

— 3 —

正念冥想

> 有恬静的心灵就等于把握住心灵的全部；有稳定的精神就等于能指挥自己！
>
> ——米贝尔

不要把正念冥想想象得太复杂，它只需要你停下来，感受当下。停下你手中的事务，将自己想象成一个旁观者，从他人的角度看着自己，看着当下发生的一切，而不做任何干预，就是这样静静地看着。你看到了什么？又听到了什么？觉察自己的感受，只是觉察，不做处理。

正念冥想的目的不是屏蔽来自外界或者内心的压力，它只是能帮助你更客观地看待问题，有意识地从不同的角度思考你和这些问题之间的关系。压力在每个人的成长过程中都会出现，是我们必须要面对的、生活中不可避免的一部分。正念冥想的目的是勇于拥抱压力，乐于和压力共处。你可以把内心看作湖面，湖面上常有波浪，可能是碧波荡漾，可能是微微涟漪，也可能更柔更弱，或是平静如镜。但不管是什么样的波浪，皆因风而起，并且会根据风的强弱变化。冥想不是在控制这个湖面，而是为我们的心灵寻找一个避风处，使之免受风的侵扰。学着随风而逝，学会乘风破浪。

要做到正念冥想，得先学会顺其自然，了解当下自己的状态。它不要求你达到某种特殊的境界，也不需要你处在某种特殊的状态，任何人都可以做到。你可以留意自己的呼吸，可以观察自己内心，也可以体会自己走路的感觉、躺卧的状态、洗澡的感受，等等，总之，可以把正念冥想练习应用在生活的方方面面。

当然，你也可以抽出时间暂停一下学习或者杂务，心无旁骛地感受此刻，培养宁静的状态。此刻你什么也不做，把这个无为的时刻赠送给自己。记住，这不是懒惰，更不是消极，它仅仅是让一切顺其自然，按其本来的方式发展。要记住，很多事物本身已足够完美，我们只需要静静地享受这份完美就好，无须多求。

这里给你推荐一下哈佛医学院身心医学教授赫伯特·本森（Herbert Benson）研究的压力处理方法，这个方法其实就是正念冥想，你可以试试。这个方法只有关键的两步：第一步，默念一句话或者重复一个简单的动作；第二步，若你在默念或重复动作的过程中发现自己走神，请耐心地回到第一步。

赫伯特·本森设计了九个操作步骤：

第一步，从你特别相信的话中选出一句作为集中心神的目标，可以是"今天非常开心"，也可以是简单的"1234"，或者"世上无难事，只怕有心人"，等等。

第二步，找一个安静的地方，用自己觉得舒服的姿势坐下来。

第三步，闭上双眼。

第四步，放松全身的肌肉，可以用本书中呼吸放松的方法，也可以用肌肉松弛练习中的"身体扫描"方法进行操作。

第五步，自然缓慢地呼吸，但在呼气时，默念你心中选好的

那句话。

第六步，保持耐心，当你发现走神了，不责备自己，接受现实，重新回到上一步。

第七步，持续练习 10~20 分钟。

第八步，练习完不要立马站起来，而是睁开眼睛静待片刻，让自己的思绪回到当下后再起身。

第九步，每天做一次。

做的过程中要注意三点：第一，不要去纠结练习是否有效，专注地做就可以了。第二，可视化——你在默念选定的话时，同时要能够想象你的偶像或者你信仰的人。第三，赫伯特·本森认为把正念冥想结合生活的其他方面，效果会更好，比如运动、参加娱乐活动等。

你也可以做以下练习：

选择一个周末的早晨到外面走走，可以是湖边，也可以是公园。看看天空中是否还有没消失的星星和月亮，看看东方是否泛起鱼肚白，静静地、专注地、用心地看。觉察身体的感觉，冷冷的或暖暖的，或者其他。和当下同在，只是静静地、专注地、用心地享受这个安静的时刻，去感受它就好。如果这个过程中脑海内出现足以干扰你的杂念，转念回来，继续关注当下，关注当下正在发生的一切，享受这个美丽的时刻。

接下来，找个地方坐下来或者躺下来，平心静气，进入当下的存在模式，沉浸在正念中，感受此时此刻的一切。只是确定在此刻，不增不减，完全沉浸在正念冥想中。

乔·卡巴金（Jon Kabat-Zinn）提出正念冥想的原理：我们沉浸在一个永恒活动的世界里，却很少去问，是谁在做着这些活动。换句话说，我们很少触及存在的世界。回过头来思考存在的世界并不是那样困难，只要提醒自己进行正念，我们就可以做到。片刻的正念就是片刻的平和与安宁，即使是在运动的间隙也可如此。当你的整个生命被活动驱使着向前时，正规的冥想练习可以为你心智的健全和稳定提供"庇护所"，使你恢复些许平衡和希望。冥想是阻止你只顾往前冲的方法，它使你有时间沉浸在深度放松和愉快安宁的状态中，并铭记自己是谁。规范的正念冥想练习可以使你在现实世界中具有力量和自知之明，使你的行为发自你的内心。至少某种程度的耐心、内心平静、清晰与平衡会使你压力减少，事实上它们可能会完全消失……这就是我们每天都要安排专门时间做正念冥想的原因。它是使我们停下来，滋养我们的心灵和重组我们存在的本质方式。

定期或者坚持每天一次的正念冥想练习，你的生活会越来越美妙！请试一试吧！

— 4 —
肌肉松弛练习

> 放松身心，不存目的，不刻意寻找一个投诉的对象，那份自在和愉快，必定是不同的。
>
> ——三毛

肌肉松弛练习是让你每次都专注于放松自己身体肌肉群的练习。当你的注意力集中在各部位肌肉上时，你将会从焦虑中抽离出来，不会一直盯着让你感到焦虑的事。在这个过程中，你会学习如何使自己身体不同肌肉群变得紧张和放松。通过比较紧张和放松的差异，帮助自己认识紧张，从而更好地引导自己放松。

首先选择一个舒适的位置坐着或者躺着，手臂放在椅子的扶手上或者床上（如果躺在床上，则要用枕垫支撑头部），手心向下，闭上眼睛（不想闭眼的话，可以盯着房间的某个物体或者天花板）。

1.拳头。紧握右手拳头（先从自己的优势手开始，假设是右

手）。攥得紧一些，感觉右手和右前臂变得紧张，再感受这些紧张。（暂停 5 秒）现在松开拳头，放松右手并将它放在椅子扶手上或者床上休息，感受紧张和放松之间的差异。（暂停 10 秒）

2. 左手做同样的动作。（重复第一步）

3. 两只手腕（也可以一只一只的来做动作）。让手腕向后弯曲，让你的手背和前臂的肌肉紧张起来。胳膊不动，让手指指向天花板，感受手腕的紧张。（暂停 5 秒）然后放松，感觉紧张和放松之间的差异。（暂停 10 秒）

4. 两个肱二头肌（也可以一次收放一个）。双手握拳，肘关节屈曲，前臂向肩部靠拢，肱二头肌收缩，感觉肌肉的紧张。（暂停5秒）开始放松，手臂落下，回到身旁，感受紧张和放松之间的差异。（暂停10秒）

5. 双肩（也可以一次耸一侧肩）。耸起双肩，使其向耳朵靠拢，感觉和保持肩部的紧张。（暂停5秒）放松，感受紧张和放松的感觉。（暂停10秒）

6. 前额。皱起你的前额和眉头，直到感觉眉头上有了皱纹。（暂停5秒）放松。（暂停10秒）

7. 眼睛。紧闭双眼，感受眼睛周围的紧张。（暂停5秒）放松，感觉紧张和放松的差异。（暂停10秒）

8. 舌头和咀嚼肌。咬紧牙关，并将嘴角向后牵拉，使你的咀嚼肌紧张起来。（暂停5秒）放松，感受紧张和放松的差异。

9. 嘴唇。紧闭双唇，感觉嘴部周围肌肉的紧张。（暂停5秒）放松，感受嘴和整个脸部肌肉的放松。（暂停5秒）对比脸和肱二头肌之间的差别。

10. 头颈后部肌肉。头向后仰，紧靠在椅背上，感觉颈部和背部的紧张，保持住。（暂停5秒）放松，觉察两者的差异。（暂停10秒）

11. 颈前部肌肉。头向前屈，尽量让下巴接触前胸，感觉颈前部肌肉的紧张。（暂停5秒）放松。（暂停10秒）

12. 背部。将背向后挺立，挺出胸部和腹部，感觉背部的紧张（注意不要感觉到背部肌肉酸痛）。（暂停5秒）放松，感觉紧张和放松的差异。（暂停10秒）

13. 胸部肌肉。深吸气，让气体充满你的胸腔，再憋一会儿，感受整个胸部和腹部的紧张。保持这种紧张。（暂停5秒）放松，自然呼出气体，感受放松的感觉。（暂停10秒）

14. 腹部肌肉。紧绷腹部，使腹部肌肉收缩，保持住。（暂停5秒）放松，感受腹部和胸背部肌肉紧张和放松的差异。（暂停10秒）

15. 臀部。收紧臀部肌肉，向椅子上压，感觉它的紧张。（暂停5秒）放松。（暂停10秒）

16. 腿部。伸直双腿，感觉大腿的紧张。（暂停5秒）放松，感受紧张和放松的差异。（暂停10秒）

17. 脚部。将脚尖尽量朝上，使小腿前侧肌肉紧绷，像一根线向上牵拉着你的脚尖，感觉这种牵拉和紧张，保持住。（暂停5秒）放松，感觉紧张和放松的差异。（暂停10秒）。

最后，从脚部到手部重复一遍。想象放松脚部、小腿的肌肉。（暂停5秒）放松大腿的肌肉。（暂停5秒）放松臀部。（暂停5秒）放松腹部、腰部和下背部的肌肉。（暂停5秒）放松上背部、胸部和肩部的肌肉。（暂停5秒）放松上臂、前臂和手部的肌肉。（暂停5秒）放松喉部和颈部的肌肉。（暂停5秒）放松面部肌肉。（暂停 5 秒）直到所有紧张消失。闭着眼睛，平静地坐着（躺着）。心中从 5 倒数到 1 后，慢慢睁开眼睛。

　　多次练习并熟练掌握后，你就能够很好地控制自己的紧张和焦虑。同时，也可以定期做一下这个练习，将其作为放松的方式，变成一个自我调适的身心仪式。

— 5 —

分散注意力

> 上帝完成了创造世界的工作，第七天就歇手休息。
>
> ——萧伯纳

　　焦虑和担心会让学生专注于影响他的事情中去，脑袋中总是被这件事情缠绕，挥之不去。比如一个将要参加考试的同学总是担心自己对知识掌握得不够牢固，导致做题紧张。他把重点放在了如何才能不发挥失常上。"我一定不能发挥失常，如果考不好，我的人生就完了。"他往往会沉迷于这种想法之中，结果反而导致考试发挥失常。在自己关注或在意的事情上我们往往更焦虑，这时的担心和紧张就更会影响当下的状态，进而陷入一个恶性循环。如果这个时候强迫自己把注意力放在学习上，认真地做好每一道题，思考如何运用考试节奏和技巧，你就不会担心自己考不好——至少当时你不会因此而焦虑。因为人类的大脑大多数时候不能同时专注于两件事，当大脑只专注于一件事时，就会暂时"丢

掉"另一件事。

有很多分散注意力的方法可以用来暂时缓解焦虑。本书中介绍的正念冥想、肌肉松弛练习、运动、参加娱乐活动、找朋友倾诉、积极想象等这些方式不但有缓解焦虑的作用，还有分散注意力的作用。全身心投入进一个你不担心的事情里，能十分有效地缓解你的焦虑。如果你能够专注于做一些愉快的事情，就会更明显地缓解你的焦虑。

放松是一种比较好的分散注意力的方法。这里介绍一下全

身"扫描放松"的方法供你参考：先闭上眼睛，做三次缓慢的深呼吸，然后恢复正常的呼吸，轻轻地、有节奏地吸进呼出，整个过程中去仔细感受吸气和呼气的细微差异。接下来，有意识地从脚到头放松身体的每个部位。

1. 注意你的右脚，依次放松脚趾、脚底、脚背、脚跟；紧接着放松你右侧的小腿、膝盖、大腿和臀部。尽可能放松，让你右腿所有的肌肉、关节都处在完全放松的状态。

2. 同样的方法用于左脚和左腿，重复上述过程。

3. 注意你的右手，依次放松手指、手掌和手腕。慢慢向上，放松你的前臂、肘、上臂、肩，感觉到右臂的所有肌肉、关节都放松了，保持这种感觉。

4. 同样的方法用于左手和左臂，重复第 3 步。

5. 注意你的脊柱底部，从尾骨开始向上放松每一节脊椎和椎骨旁的每一块肌肉。从下背部、中背部再到上背部，慢慢放松，释放背部的所有紧张。

6. 注意你的颈部，放松颈前以及颈后部的肌肉。

7. 注意你的胸腹部，让胸部和腹部的所有神经、肌肉和器官完全放松（可以跟着呼吸来放松）。

8. 注意你的头部，放松下巴，嘴唇轻微接触、牙齿分开。放松你的舌头、颧骨周围的肌肉、眼睛，以及眼睛周围的肌肉。放松你的前额、头皮。

　　至此，你的身体已经完全放松了，感受这种放松的状态，最后做一次深呼吸，感觉能量进入你的手臂、腿部，轻轻活动一下你的手臂和腿，然后睁开眼睛，慢慢起来伸展身躯，你能感觉到自己精神的振奋、精力的恢复。

　　你一定要学会一种或几种分散注意力的方法，当你焦虑的时候，可以利用这些方法放松自己。当你成功地使用了分散注意力的方法后，会发现你可以轻松控制自己的想法和感觉，恢复原有的自我效能感以及成就感，甚至观念上可能发生改变。

– 6 –

保持运动的习惯

> 人的健全，不但靠饮食，尤靠运动。
>
> ——蔡元培

运动不仅有利于人体骨骼、肌肉的健康，增强心肺功能，改善血液循环系统、呼吸系统和消化系统的机能状况，也有利于人体的生长发育，提高免疫能力，增强机体的适应能力，还可以调节人的紧张情绪，改善生理和心理状态，从侧面恢复体力和精力。

作为学生，运动可以保持身体健康，使倦怠的身体获得积极的能量。同时，运动还可以舒展身心，有助于睡眠，缓解学习带来的压力。

每个人有不同的适合自己运动的方式，可以根据自己的运动习惯和过往运动经验，找出适合自己的运动方式。这里列举了一些适合学生的常用的运动方式，仅供参考。

1. 跑步

跑步可以提高肌力以及肌耐力,令肌肉量保持在正常的水平,同时还能提高身体的新陈代谢,加速脂肪的燃烧,从而达到减肥的效果。这时,大脑的供血、供氧量可以提升 20% 左右,血液中氧气的含量也会大大增加,血氧量与睡眠有直接关系,跑步能改善睡眠质量。慢跑可以抑制肾上腺素和皮质醇这两种激素的分泌,释放能带来愉悦感的内啡肽,有助于学生减压。长跑能增强心血管系统、呼吸系统、消化系统和神经系统等机体的基本功能,并有助于培养学生坚定的意志和顽强的斗志,这也是训练学生毅力的一种方法。现在很多学生毅力不够,怕吃苦。长跑既锻炼了学生的身体,也培养了他们的意志。短跑能够促使蛋白和肌红蛋

白量增加，增强心脏的耐受力，提高抗乳酸的能力，减少酸痛，同时可以增强自己的爆发力。

2.篮球或足球

这两种运动有利于人的生理健康，能提高心血管系统、呼吸系统、消化系统等多方面的功能，还能改善情绪、缓解焦虑、增强自信、消除疲劳、促进心理健康。同时，它们可以作为健身、娱乐、交友、提升生活质量、丰富生活内容的一种手段，提高学生的社会适应性。这两项运动都需要多人配合，只是一个人是不行的，而且还需要运用参与者的智慧来进行思考和判断，不仅对于提升大脑的神经反应速度有很大的帮助，还可以提升自身的团队协作能力。这种比胜负的运动，可以培养学生永不服输的竞技精神，提高他在对抗、竞争和拼搏方面的动力。它们和长跑运动一样，也是缓解紧张和压力的一种好办法。这两种运动唯一存在的缺点就是容易受伤，只要稍加注意即可。

3.乒乓球

乒乓球运动有利于锻炼孩子的反应、灵敏、协调和运用思维的能力，可以培养孩子勇敢坚强、机智果断的品质，还可以调节神经能力，益智，增强孩子的认知功能和创造力。另外，打乒乓球也能预防近视。打球时，双眼以球为目标不停地进行运动，眼部睫状肌和眼球外肌交替地收缩和舒张，可以促进眼部的血液循环，提高眼睛视敏度，缓解眼睛疲劳，提高专注力。打乒乓球可以让学生身心愉悦，缓解学习压力。

4.羽毛球

其实作为学生，打羽毛球是一个很不错的运动方式。由于坐的时间比较长，学生的颈椎很容易出问题，羽毛球运动很好地预防这类问题。同时，它还能做到锻炼全身。在羽毛球运动中，学生需要不停地运用手腕和手臂的力量握拍、挥拍，还要充分地活动踝关节、膝关节、髋关节等部位。在捡球、接球的过程中，又会不断地弯腰、抬头，全身肌肉和关节得到充分运动。同时它和乒乓球一样，也是一种需要动脑筋的运动方式，对思维的灵活度有很大的提升。当然这也锻炼了孩子的眼力，对孩子的视觉敏感度有很大的提升。同时打羽毛球可以培养孩子勇敢、坚强、机智、果断的品质，使孩子保持活力，在一定程度上调节神经系统。羽毛球和乒乓球是隔网对抗，相比篮球和足球运动来说更安全，更适合于身心不太成熟的学生。

5.游泳

游泳素有"运动之王"的美誉，它不仅能锻炼人体各部位关节以及肌肉，而且惠及脏腑，如心、肺等，特别是对血管有益，

冬泳甚至被誉为"血管体操"。游泳可以增强肌肉力量、增加骨密度、改善肤质、提高身体的柔韧性、燃脂、提高免疫力，也可以缓解压力，减轻抑郁。其他运动可能会对人体关节造成损伤，游泳不仅可以保护关节，还可以减少其产生炎症的风险。游泳虽不能直接治疗哮喘，但能增强体质，减少哮喘发作次数，改善哮喘患者的症状。澳大利亚一项研究发现，经常游泳的孩子比对照组在掌握语言、学习骑车、建立自信以及身体发育方面都更好更快。

除了上述这些，还可以选择跆拳道、武术、跳绳、踢毽子、仰卧起坐、俯卧撑、拉单杠、撑双杠等运动方式，这里就不一一列举了。根据身体条件选择适合的运动方式，有利于孩子的身心健康。

当然，如果你自己不太愿意高强度运动，也可以选择散步、慢跑或骑自行车上下学，或者把做劳动当成一种运动。只要你活动起来，就一定比一直坐着要好得多。

运动在调节情绪方面是一个非常好的手段。国外曾经有一项针对抑郁症治疗效果的对比研究，研究人员将药物疗效与运动疗效进行了对比，结果发现单纯吃药虽见效快，却易复发，药物和运动同时进行的治疗组疗效较快，复发速度也慢一些，而运动组见效慢但不易复发。由此可见运动对于心理健康的保持有长期稳定的效果。养成一个良好合理的运动习惯，对你一定有好处。

- 7 -

选择适合的娱乐活动

适度的娱乐能放松人的情绪，陶冶人的情操。

——塞涅卡

娱乐活动可以丰富你的业余生活，陶冶情操。其中大部分娱乐活动既能起到锻炼身体、促进社会和谐发展的作用，还能提高与人的沟通能力，增进与人的合作精神。同时，适当的娱乐活动可以缓解压力和舒缓情绪，帮助维护健康的心理。

作为学生，一定要定期参加一些有益的娱乐活动，让自己紧绷的大脑得到适当休息，做到劳逸结合，从而更好地提高学习效率。如果用心观察你就会发现，那些兴趣爱好比较广泛的同学往往在遇到问题时，自我情绪调节的速度相对快一些。所以从现在开始，你可以多培养一些兴趣爱好，同时尽量参加一些不同的娱乐活动，让自己的业余生活更丰富。

在选择适合自己的娱乐方式上，每个人各有不同，你可以根

据自己的爱好和经验，找到适合自己的娱乐方式。要注意，选择的娱乐活动要能够做到张弛有度，避免一直沉迷。娱乐是人们生活的佐料，它越是能够有效停止，生活就能越健康。令人成瘾的娱乐往往会让人身心俱疲，影响身心健康。娱乐的频率和程度也要和当前的生活状态相匹配，过深过多会让人疲惫，过浅过少又起不到休闲的效果。一定要把娱乐和生活相融合，不能为了逃避生活选择娱乐，否则就会让生活失去本色，娱乐也失去意义。如果你的生活状态丰富多彩，就选择深度娱乐，如果你的生活状态比较单一，就选择浅层的娱乐。娱乐最终的目的是让你身心放松。

下面列举一些适用于学生的娱乐方式供你参考。

1. 听音乐

音乐可以激发你内心深处的积极力量，唤醒生命的强大动力，帮助和陪伴你走出焦虑情绪，减少巨大的精神压力。音乐力量的强大会远远超出你的想象。如果你去探索原始部落，就会发现音乐在他们中被大量使用，其实音乐从史前文明就始终伴随着人类的成长发展。

音乐是一种强有力的感觉刺激形式，能够带来多重感觉体验。在听音乐的过程中，你不但可以听到声音，也可以感觉到声波的震动，如果加上视频还会产生视觉体验。如果你随着音乐翩翩起舞，把人的多种感受器官都调动起来，也可以产生动觉刺激。另外，在听音乐的过程中对音乐长时间保持注意力，也有利于提升你的专注力，这些都能够给你带来愉悦感。

音乐从根本上影响大脑中神经化学物质的释放，增加血清素和多巴胺的释放并减少皮质醇的影响。不同音乐对人的生理影响不同，不能一概而论。

听音乐是一种低成本的方便的放松方式，它随时随地都可以进行，非常适合学生。

2. 绘画

绘画是一种非语言的表达和沟通，人在创作的过程中可以缓和情绪上的冲突，有助于自我认识和自我成长，这也是一种维持内在世界和外在世界平衡的一种方式。绘画时常运用心象进行思考，这是一种直觉性的思考方式，往往会降低自己的心理防御，折射出自己的潜意识。通过绘画可以直接发泄心中愤怒。这种表达既可以被社会所接受，也不会伤到他人，经由创作的过程，让自己的情绪得以缓和，做到自我疗愈。也可以通过画出具体的形象，得以整理自己的情感和意念，释放创造潜能。

另外，绘画时需要考虑题材立意、颜色搭配、版式选择等，可以锻炼学生的思维能力。绘画可以增强观察力——在这个过程中你不得不去观察生活中的各类事物，从而形成自己的印象。随着绘画的深入，你的理解和创造能力越来越强。在各方面能力提

升之后，自主能力也会随之增强，个人身心素质也会得到明显提高。

3. 爬山

爬山既是一种娱乐，也是一项运动。脚是"人之根"，爬山可以增强下肢力量，锻炼腰、背、颈部的关节和肌肉，维护足部气血经络通畅，协调脏腑与各大组织器官的联系。爬山时可以呼吸到新鲜空气，增强心肺功能，坎坷的山路还可以锻炼人体平衡能力。这个过程既可以磨炼意志，开阔胸怀，又可以从中获得超越自我、享受成功的快乐体验，是人对自然的挑战，亦是对自己的挑战，另外，爬山可以缓解负面情绪。在绿水青山中，你可以尽情地释放压力，心情会变得愉悦，还可以与大自然进行深层次的接触，深切体会到自然的美好，感受到自然的乐趣。如果和家人同行你能体验到亲情的美好；如果和同学一起，能够增强你们之间的友谊。

4. 唱歌

唱歌是一个调适心情的好方法，在歌唱的过程中感受美妙的音乐，唱出优美的歌曲，有助于情感的表达，可以净化人的心灵，启迪人的心智。唱歌容易让人忘掉烦恼，心里达到相对平和的状态，同时还可以提高自己的艺术修养，提升个人气质，陶冶情操。唱歌还可以提高肺活量，锻炼呼吸肌和膈肌，从而改善心肺功能，呼吸本身就有助于身心放松。

5. 跳舞

在漫长的人类文明历史中舞蹈都承担着表达人类情感的作用。人们通过不同的舞姿来表达不同状态和情绪，舞蹈是一种自我表达的形式。跳舞能调动我们全身的感知，是我们和身体对话的过程。身体是我们的存在方式，是我们存在的载体，参与了从胚胎到我们现在所有生命形态的变换，参与了我们生命经验的形成和沉淀，是无意识记忆的储存体。身体的表达是人类最初的表

达，在跳舞这个自我表达的过程中，我们会沉浸在个体和集体无意识当中，而在动作层面有可能重新唤醒这部分记忆，进而得到充分的表达。需要特别提示的是，我们跳舞不是要追求舞蹈动作有多么标准，跳得有多么漂亮，而是尽可能去感受身体的紧绷和松弛，让思维和身体做联结，尽可能去体会身心一体的状态。

6. 团体活动

人是群居动物，参加团体活动会增加人们生活的乐趣。孩子通常更喜欢和同龄人交往，多参加同龄人之间的团体活动，孩子可以从中获得平等感，有益于情绪的调节。这个团体既可以是正式的，也可以是非正式的。正式的团体会让孩子在规则之内、在规定的内部结构中，承担相应的角色，这样既可以转移孩子的注意力，也可以调节他的情绪。非正式的团体可以满足孩子与人交流的兴趣，可以发展出更灵活的交往需求，自尊心更容易得到满足，更能够获得情感支持和社会赞许。

- 8 -
找好朋友倾诉

> 男人的嘴是通向心灵的门户，女人的嘴是倾诉心事的窗口。
>
> ——比尔斯

找人倾诉是一种缓解压力非常好的方法，当你和朋友倾诉的时候，你能够将自己的感受和想法同朋友分享，心中的苦闷忧虑就会自然而然向外流淌。朋友的理解和关心会帮助你消除心中的淤塞，从而缓解压力，放松精神。倾诉的过程还可以提高你的语言组织能力，使你的思维处于活跃状态，起到锻炼大脑的作用，这同样能够帮助情绪的调节。

加利福尼亚大学洛杉矶分校的一项研究发现，把情绪用语言表达出来会减少杏仁核（产生、识别和调节情绪的大脑组织）对于负面情绪的反应。南美以美大学的一项研究表明，当人们选择压抑自己的情绪时，他们会感受到压力，从而给大脑和免疫系统

造成负担，把自己的情绪表达出来则会减少压力、增强免疫力，从而使人们更加健康。"霍桑效应"也告诉我们，被关注和重视，会表现出工作效率的提高。对于那些负面情绪，不要压制下去，而是要想尽办法宣泄出来，比如找好朋友倾诉，获得他们的关注等，这对人的身心健康和工作效率都非常有利。

霍桑试验是 1924 年 11 月，以哈佛大学心理专家梅奥为首的研究小组进驻西方电气公司所属的霍桑工厂进行的一项研究。他们的初衷是试图通过改善工作条件与环境等外在因素，找到提高劳动生产率的途径。他们选定了继电器车间的六名女工作为观察对象。

在七个阶段的试验中，研究者不断改变照明、工资、休息时间、午餐、环境等因素，希望能发现这些因素和生产率的关系——这是传统管理理论所坚持的观点。但是很遗憾，不管外在因素怎么改变，试验组的生产效率一直未上升。为了提高工作效率，工厂请来包括心理学家在内的各种专家，在约两年的时间内找工人谈话两万余人次，耐心听取工人对管理的意见和抱怨，让他们尽情地宣泄情绪。结果，霍桑厂的工作效率大大提高。历时九年的实验和研究，学者们终于意识到了人的积极行为不仅仅受到外在因素的刺激，更需要有精神上的激励。就霍桑试验本身来看，当这六个女工被选出来成为一组的时候，她们就意识到了自己是特殊的群体，是试验的对象，是这些专家一直关心的对象。

这种受关注的感觉会使得她们加倍努力工作，以证明自己是优秀的，是值得被关注的。这种奇妙的现象就被称作"霍桑效应"，也就是所谓的"宣泄效应"。

心理压力大的时候找朋友倾诉，把你深藏在心底的事情都说出来，把内心真实的感受表达出来，心里的那块石头就会被搬走，你的心灵就会获得解放。据传康熙帝在一次微服私访时，因又饥又渴，向农夫讨了份米糠，吃得分外香甜。一位年轻樵夫认出了他，却又不敢说破，怕引来杀身之祸。但这么大的秘密不能说出来，樵夫心里可太难受了。于是他跑到深山里，见四顾无人，便对着一个老树洞高声说："我知道一个秘密，康熙吃糠！康熙吃糠！"说完心里舒服多了。

生活中每个人都有烦恼，倾诉是感情宣泄的渠道。如果你善于观察就会发现，通常外向型的人情绪状态更好，因为他们遇到事情不会自己扛着，而是会找人倾诉来释放内心的压力。而内向型的人容易焦虑和抑郁，因为他们遇到事情往往都憋在心中，情绪得不到释放就会出现问题。倾诉是一扇连接两人心灵的大门，把这扇门打开，让心中的不快自由流动，你的压力就会得到释放。

哲学家培根说过："如果你把快乐告诉一个朋友，你将得到两个快乐，而如果你把忧愁向一个朋友倾诉，你将被分掉一半忧愁。"但很多焦虑的人却觉得别人不会理解自己，或者会看不起自己，也有人认为不好意思打扰别人而选择自己默默扛着压力。殊不知这种封闭自我的方式可能会让自己的状态更糟糕。勇敢面对自己内心的焦虑，及时向朋友表达自己的想法，用倾诉的方式呈现出来，问题才不至于走向更糟糕的方向。

注意，不是所有的朋友都适合倾诉，你在选择倾诉对象时也要进行筛选。一个合适的倾诉对象一定得理解你，并且能够做到客观中立，不随意批判，能够宽容地对待你。当然，如果这个人再能够多些智慧会更好。如果这个人能够做到非常好地倾听、陪伴、理解和支持的话，你就太幸运了，因为你的情绪能很好地被共享，自己的意图和需要能够被对方感知到，对方又能及时精准地反馈给你他的理解，你和他之间能够产生情绪上的感染和共鸣，你就会从中获得满足感，继而压力会得到更好的释放。

当然，如果没有绝对合适的倾诉对象，也不要把情绪憋在心里。只要有人愿意倾听，那就尽量表达出来。向他人倾诉也是梳理自己思维的一个过程，你在和别人诉说的时候，也是在做自我开导。在寻找真实自我的过程中，你会越来越靠近自己。随着自我梳理越来越透彻，无形中你会慢慢感觉到踏实和愉悦，也会逐步找到自己的快乐和幸福。

– 9 –

建立合理的信念

> 信念是鸟，它在黎明仍然黑暗之际，感觉到了光明，唱出了歌。
>
> ——泰戈尔

当你的大脑和中枢神经系统正常运行时，你可以很好地控制自己的思维、情绪和行为，你可以怎么想就怎么做。而当你焦虑的时候，思维和情绪就开始不受你的控制。你通常会认为自己无法阻止这些焦虑情绪，被困在原地。其实不然，你是有能力阻止焦虑情绪产生的。你可以根据自己的情况来规范、管理和改变自己的情绪和状态，你可以选择产生某些想法，也可以选择拒绝某些想法。焦虑通常是由于你的不合理的信念所导致的，比如在考试的问题上，如果你是这么想的"我很想把这次考试考好，我会全身心投入，但如果结果没有达到我的期待，我还是会享受这个过程"，这就是合理担忧。但如果你这么想"这次考试我一定要考好，每门课程都不能有一点差错，否则我就一无是处"，这就是焦虑状态，这里的"一定""必须""否则我就一无是处"就是不合理的信念。

要建立合理的信念，我们先来认识一下不合理或者叫非理性的信念。我们来看一下心理学家阿尔伯特·艾利斯（Albert Ellis）总结出人们最常见的 11 条非理性信念：

（1）人们绝对需要得到一位生活中重要人物的喜爱或赞许。

（2）个人应该在各方面（至少在某一方面）有成就，有才干，能胜任工作，这样才会被视为有价值的人。

（3）人绝对不能犯错，如果犯了错，就应该受到谴责，马上去死。

（4）如果遇到与自己希望不一致的事情，那就会很糟糕。

（5）人的不快乐是外在因素所引起的，人没有能力去控制自己的悲伤与情绪困扰。

（6）应该经常把危险或灾难性的事件发生的可能性，挂在心头。

（7）逃避困难、挑战与责任要比面对他们容易。

（8）人应该依靠别人，而且需要一个比自己强的人做依靠。

（9）人的行为受到过去经验的影响，只要一件事情对他产生了影响，那么这种影响就会持续一辈子。

（10）我们应该对别人的困难与情绪困扰感到不安。

（11）对于任何一个问题，都应该有正确的、完美的解决办法，如果找不到，就会很糟糕。

阿尔伯特·艾利斯通过研究证明，与存有那些非理性信念少的人相比，非理性信念多且强烈的人通常会更加焦虑和不安。

以下几种也是会增加焦虑感的不合理信念：

（1）自我贬低。

"我如果考试成绩不行，我就是一个失败者，我将毫无价值。"

（2）贬低或诅咒他人。

"我同学都是坏人，他们对我不公平，他们应该对我好，可他们不这么做，他们都该死。"

（3）糟糕至极。

"我今天不小心顶撞了数学老师，完了，死定了，数学老师一定会记恨我的。"

（4）不能容忍现状。

"我现在的成绩排名离我的目标有点远，这让人难以接受，我不能容忍这个结果。"

（5）非黑即白以及以偏概全的思维。

"我这次比赛失败了，我会一直失败下去的，不会成功了。"

"成王败寇，成绩差的我就是个失败者。"

"我必须无条件做好这件事，否则我就是一个无能之辈。"

修正不合理的信念，将其转变成合理的信念，你的焦虑情绪就会得到缓解，进入一个良性的状态。具体方法：回想一下自己一周内的行为，记录下消极的感觉，比如一些让你焦虑或抑郁的事情，或者让你感到压力的事情。梳理出现这些情绪和行为之前你遇到的挫折，情绪和行为是结果（C，即你的烦躁），挫折是触发事件（A），先把引起你烦躁的非理性想法（B，即信念；IB，即非理性信念；RB，即理性信念）找出来，这些想法通常包括一些不理性的要求和期望。然后积极地反驳（D）这些非理性的想法或信念，直到你有了合理的新理念（E）。这就是理性情绪疗法的 ABCDE 模型。

　　你可以和家人朋友积极地讨论这些"ABCDE",如果他们不了解,你可以向他们介绍理性情绪疗法的一些主要概念及组成部分,这更有利于他们帮助你解决问题。你也可以参照温迪·德莱顿(Windy Dryden)、简·沃克尔(Jane Walker)和阿尔伯特·艾利斯(Albert Ellis)设计的理性情绪行为疗法自助分析表格来练习。(表一)你可以经常使用这个表格,使用一段时间之后,你就会发现自己能够记住它,并可以灵活运用。你也可以把这些"ABCDE"记录下来经常回顾,长期下去,当你重复出现焦虑的情绪时,通过回顾之前的表格,你能很快反驳以前不合理的想法,得到新的合理理念,焦虑自然也就消失了。

　　长期按照理性情绪疗法的内容去练习,你会逐渐明白是我们对负面事件的信念僵化才造成了我们的心理困扰,心理困扰之所以一直挥之不去,是因为我们无意识地在坚持自己僵化的信念。所以,只有我们努力去改变这种非理性信念,心理才会越来越健康。

表一

理性情绪行为疗法自助分析表格

A（诱发事件）

· **概述让你困扰的情况**

· A 可以是内部的或外部的，真实的或想象的

· A 可以是过去、现在、将来的事件

IB（非理性信念）　　　　　D（质疑非理性信念）

识别非理性信念的几个要点：

· 教条主义的要求（必须、绝对、应该）

· 把事情想得过于糟糕的思维方式（太糟糕、太严重、太可怕）

· 低挫折容忍力（我无法忍受这样）

· 评价自己或他人（我 / 他 / 她很坏，毫无价值）

质疑自己的问题：

· 我怎么会产生这种信念的？这种信念对我有帮助，还是会让我失败？

· 有何证据支持这种非理性信念，这种信念与事实相符吗？

· 我的信念有逻辑性吗？是否源自我的个人偏好？

· 真的有那么糟吗？（糟到不能再糟的地步）

· 我真的不能忍受吗

C（结果）

主要的不健康的负面情绪：

主要的让自我挫败的行为：

不健康的负面情绪包括：

· 焦虑　· 抑郁　· 愤怒　· 低挫折容忍力

· 羞愧／窘迫　· 伤心　· 嫉妒　· 内疚

RB（理性信念）　　　　　　E（新的效果）

新的健康的负面情绪：

新的有建设性的行为：

理性思维要做到：　　　　　**健康的负面情绪包括：**

· 非教条主义的期望（希望、想要、　· 失望

渴望）　　　　　　　　　　　　· 忧虑

· 评价糟糕的情况（不好、不幸）　· 心烦

· 高挫折容忍力（我不喜欢这样，但　· 伤心

我能够忍受）　　　　　　　　　· 遗憾

· 不要全盘否定自我或他人（我和其　· 沮丧

他人都会犯错）

温迪·德莱顿和简·沃克尔于 1992 年编制

阿尔伯特·埃利斯研究院于 1996 年修订

下面我举例说明一下，这个自助表格（表二）如何使用。例子中表格的填写者是一位对期末考试感到焦虑的初中男生。

表二

理性情绪行为疗法自助分析表格

A（诱发事件）

期末考试马上到了，我想考得好一点，但是我没有信心

·概述让你困扰的情况
·A 可以是内部的或外部的，真实的或想象的
·A 可以是过去、现在、将来的事件

IB（非理性信念）	D（质疑非理性信念）
我必须在这次期末考试中取得好成绩。如果我考不好，那就证明我是一个无能的人。如果期末成绩差，那就太糟糕了	为什么我必须取得好的成绩呢？如果我考不好，真的就能证明我是无能的人吗？如果考试没考好，真的有那么糟糕吗？如果我坚持认为我必须考好，要是考得不理想，情况真的会很糟糕，又会产生什么样的结果呢

识别非理性信念的几个要点：

·教条主义的要求（必须、绝对、应该）
·把事情想得过于糟糕的思维方式（太糟糕、太严重、太可怕）
·低挫折容忍力（我无法忍受这样）
·评价自己或他人（我 / 他 / 她很坏，毫无价值）

质疑自己的问题：

·我怎么会产生这种信念的？这种信念对我有帮助，还是会让我失败？
·有何证据支持这种非理性信念，这种信念与事实相符吗？
·我的信念有逻辑性吗？是否源自我的个人偏好？
·真的有那么糟吗？（糟到不能再糟的地步）
·我真的不能忍受吗

C（结果）

主要的不健康的负面情绪：严重的考试焦虑。
主要的让自我挫败的行为：考试时会紧张害怕，发挥失常

不健康的负面情绪包括：

· 焦虑　· 抑郁　· 愤怒　· 低挫折容忍力

· 羞愧／窘迫　· 伤心　· 嫉妒　· 内疚

RB（理性信念）　　　　E（新的效果）

RB（理性信念）	E（新的效果）
虽然我取得好成绩会很高兴，但我必须在这次期末考试中取得好成绩这种信念是行不通的。 如果考不好，情况也许会不好，但并不意味着我就是一个无能的人。 考不好没有什么可怕的，只是会伤心一下而已。 如果我一直坚持认为我必须把这次考试考好，我会一直焦虑下去，但即使这样，也不是什么可怕的事情	新的合理的负面情绪： 感到担忧和失望，但是不会为参加考试而焦虑，也不会因考不好而沮丧。 新的有建设性的行为： 如果我考得不理想，我不会认为自己是一个无能的人。 在以后的考试中，我会轻松应对的

理性思维要做到：

· 非教条主义的期望（希望、想要、渴望）

· 评价糟糕的情况（不好、不幸）

· 高挫折容忍力（我不喜欢这样，但我能够忍受）

· 不要全盘否定自我或他人（我和其他人都会犯错）

健康的负面情绪包括：

· 失望

· 忧虑

· 心烦

· 伤心

· 遗憾

· 沮丧

温迪·德莱顿和简·沃克尔于 1992 年编制

阿尔伯特·埃利斯研究院于 1996 年修订

— 10 —

积极想象

> 在严格求实的探索已山穷水尽之处，却可以让想象展开翱翔的翅膀，发挥有益的，在某种意义上说来也是可靠的作用。
>
> ——茨威格

面对压力，大部分人都会产生一定的焦虑，这是正常的。通常情况下，凭自身克服焦虑会有一定的困难。焦虑会诱发紧张，而越紧张又越能体会到焦虑，由此进入一个恶性循环。应用积极想象的方法可以逆转这个循环，当你面对一个带来压力的场景时，你可以想象一个让你高兴且放松的场景或事件，去感受场景或事件给你带来的宁静、安全、放松的感觉。这种想象会减轻，甚至阻断你的不舒服和焦虑感。这是因为人的注意力很难既集中于愉快的想法，同时又想象着焦虑、痛苦和紧张的事情，这两种对立的情感是难以共存的。比如你想象你的羽毛球打得很好或者你在

班会上的演讲很流利，你不停地想象自己表现得很好，你就会产生自我效能，认识到自己能够掌控整个局面，这通常能够帮助你在实际去做的时候表现得更好。

在脑海中模拟某个行为，有时候很接近于实际练习。比如小李同学在人多的地方讲话很焦虑，所以他总是避免在人多的地方发言。为了克服这个问题，在一次必须参加的班级演讲之前，他使用了积极想象的方法：他设想自己站在同学面前演讲，没有一点紧张感，他只是担心自己演讲的内容是否完全准确，仅仅是担

心而已，因此他放松下来了。通过这样的设想，他想象自己可以正常地进行公开演讲，这种想法使他不再那么害怕。同时他设想可能会有同学向他提问，他毫不紧张并进行了回答，同学对他也很满意。通过想象，他能够控制自己的演讲表现，从而降低自己的焦虑感。尽管如此，他还是会有一点点不安，他会担心，但不会过度担心。他重复了几次这样的想象练习，焦虑感一步步降低，最终在演讲时获得了比较满意的效果。

如果积累了一天的压力和焦虑的情绪，你也可以采取以下的方式来放松。

方式一：先找一个舒适的位置坐下，闭上眼睛，慢慢感受自己的身体，逐渐把注意力放在你的呼吸上，做几次深呼吸。想象你离开那些烦恼，离开枯燥的学习，离开给你造成压力的地方。想象你来到一个山谷，走在一条蜿蜒的小路上，路两边是绿草和鲜花，空气清新，这时你发现了一处可以歇脚的舒适地方。在这个地方，你花了一些时间回忆起你生活中的所有紧张和压力，给这些紧张和压力赋予颜色和形状，仔细地看着它们，然后把它们丢在一旁的小路上。你继续往前走，小草越来越绿，花越来越鲜艳，你走到了山顶，顶上有一个你梦寐以求的大花园，非常吸引人。你感觉很舒服，于是坐了下来慢慢放松。你感觉到自己完全放松了，细细体验这种完全放松的感觉。接着环顾一下你的四周，记住，这是你放松自己的美地，你可以在任何时候来到这里，你

也可以在这里多待一会儿。当你感觉身心完全放松时，就可以把注意力放在自己的呼吸上，做几次深呼吸，然后睁开眼睛。

方式二：闭上眼睛，回到当天的开头，回想起床时的情景，感觉如何？如果有不适，请停下，对自己说："让那些紧张和压力消失吧！在那个时刻消失，这是过去，现在的我不能改变。"用同样的方式度过上午、中午、下午、晚上，逐一重复上面的话语。

方式三：闭上眼睛，想象你的身体里亮着许多灯，红灯代表紧张和痛苦，蓝灯代表放松和舒适，保持会儿目前的状态。想象一下灯由红变蓝或者由蓝变红的过程，在这个变化的过程中你仔细感受下身体不同的感觉，同样保持一会儿这个状态。接着将你身上的所有灯都变成蓝色，体会一下整体放松的舒适感，并保持一会儿这个状态。

如果你对实现自己的目标有压力，你可以先把这个目标写下来，接着开始想象目标实现后自己所希望的场景，描述时，语法用现在时态，就像它早已经实现了，描述的内容要尽量详细。完成后，写上"XXX（你的目标）正在以完全令人满意与舒服的方式呈现出来"。然后静坐、放松，想象自己的理想目标。可以把自己下一个理想目标记在本子上后，放在书桌、床头等地方经常看一下，也可以每天睡觉前在脑海中回忆一遍。

当然，你也可以给自己营造一个适宜的心理环境，以便可以随时进入其中，享受那种放松、安宁的感觉。你可以闭上眼睛，想象自己置身于一个美丽的自然环境中，可以是草坪上、山顶、森林中、大海边，等等，甚至可以是海底或是另一颗星球上。只要是能使你感觉舒适、愉快、惬意的地方都可以。在这个环境中，你可以觉察每一个细节，任何一个地方都是令你满意且喜欢的，包括声音、气味等等。你可以在这个地方建造起自己的小屋，甚至可以是院子。同样也可以用象征着保护和安全的金色光辉把这个地方围绕起来。不管任何时候，你都可以随时到这个空间里待一会儿。你也可以随意在这个空间内增减东西，还可以给这个空间起一个专属的名字，比如"惬意岛""内心圣殿"，等等。

－ 11 －

空椅子技术或角色扮演

> 传播光有两种方式：成为蜡烛或反射它的镜子。
>
> ——伊迪丝·华顿

作为学生，在学校或生活中不免会遇到一些不知该如何处理的问题，找老师聊怕被同学误会，找同学吐槽怕有人在背后说闲话，找家长倾诉怕不被理解……这都会让你陷入矛盾纠结之中，这时候找到一个合适的解决方式就比较重要了。空椅子技术是一个非常好的方式，它可以为你提供一个自我解决问题的方法。假如你因面临一场重要的会面或者演讲而感觉紧张时，可以尝试运用空椅子技术或角色扮演提前演练。

空椅子技术是格式塔流派常用的心理治疗技术之一，通常是指用一把椅子或多把椅子来代表你内心的另一个角色或者自己的另一面，你可以对其表达对于某些事或者某种关系的认识或者感受，然后得到一个不同角度的回应。运用此技术可以让你去接触

潜藏在自己内心深处的情感，通过将情感外显化并充分体验的方法，达到宣泄负面情绪、减轻压力的作用。

空椅子技术主要分为三种操作方式：倾诉宣泄式、自我对话式和"他人"对话式。

倾诉宣泄式

把椅子放在自己面前，假装有个人坐在这个椅子上。你把自己内心想对他说却没机会或者没有来得及说的话表达出来，从而使自己内心趋于平和。这时，椅子可以代表不在身边或者已经离世的亲友，主要目的是对他说出没来得及说的话；也可

以代表曾经对自己造成过伤害的人，主要目的是宣泄自己的不满和委屈；也可以是自己想倾诉而不方便倾诉的对象，主要目的是能毫无顾忌地说出心里话。

自我对话式

也称为"内在对话"，主要是解决内心的冲突和不平衡，比如你认为自己应该做好的事情却没有做好，导致不好的后果而产生内疚时，或者面对选择很难下决心时就可以采用这种方式。在你面前摆两张空椅子，你先自己坐在其中一张上，扮演自己的某一部分，然后再坐在另一张椅子上，扮演自己的另一部分，这样依次反复对话，直到自己内心的声音被整合。

"他人"对话式

这种方式的核心在于你和"他人"之间的对话。通常运用于你在人际关系中出现问题或者有社交恐惧的时候使用，通过模拟与他人交往的场景，学会或掌握人际交往的技巧，同时可以站在他人的角度考虑问题。同样摆两张椅子，你坐在其中一张上扮演自己，和"他人"展开对话，然后再坐在另一张椅子上扮演"他人"，与自己展开对话。扮演"他人"的角色时，要站在"他人"的角度思考问题并理解"他人"。

使用空椅子技术不是一定要你得到想要的或者正确的结果，而是通过内容呈现体验这个过程，让你全面觉察发生在周围的事情，分析体验自己与他人的情感，帮助你从更多角度更全面地察觉自己和扮演的角色之间的关系到底出现了什么问题，从而修复自我。

当然，如果你能够得到一个比较好的朋友或者家长的支持，你也可以采用角色扮演的方式来处理问题。空椅子技术其实也是角色扮演的一种方式。角色扮演比使用空椅子技术多了一个参与方。俗话说"三个臭皮匠，顶个诸葛亮"，多一个参与方就会多一种思路，多一种思路就更容易修通。和空椅子技术一样，通过角色扮演，可以让自己觉察和纾解情绪，体验相关人物的感觉与想法。你也可以通过角色扮演学习一些新行为，预演那些将要面对的情境，为问题的处理提供一些新的思路和方向。在这个过程中，你可以先扮演相关人物，体验那个人物的角色，你的朋友或父母扮演另外的角色，你和另一方（朋友或父母）把自己所扮演角色的感受反馈出来，之后你们也可以进行角色互换，再进行反馈，这样可以从不同的角度看待问题，为你更好地处理当下的问题打开思路。

— 12 —
暴露及系统脱敏疗法

> 只有服从大自然，才能战胜大自然。
>
> ——达尔文

　　暴露疗法是一种能有效治疗焦虑的行为治疗方法。在暴露的过程中，你既可以选择面对真实的恐惧情境，也可以选择面对想象的情境。通过重复暴露，以习惯化的方式来减少焦虑，同时否认对情境的恐惧，不断对恐惧刺激进行深加工，增加你的自我效能感和控制感。通过重复接触或者延长时间接触引起恐惧的刺激源后，焦虑反应逐渐消退。这些刺激源来源广泛，涵盖各种产生焦虑的事或物。暴露治疗最常用于治疗恐怖症，这是一种对具体情境、物体或某种活动的持续不合理的恐惧，通常会引起患者激烈的回避行为或明显的痛苦感受。暴露疗法会促使你对以前曾经诱发恐惧或焦虑的物体、情境或人物的反应发生改变。暴露疗法分为冲击治疗和逐级暴露治疗。冲击治疗是在很短的时间内，将你直接暴露于强烈的焦虑或恐惧刺激下进行治疗。逐级暴露治疗又称为系统脱敏治疗，是一种随时间流逝逐步进行暴露的方法，主要将你暴露在一种稳步升级的恐惧或焦虑的刺激下进行治疗，可以使用想象、虚拟现实、角色扮演或者现场暴露等方式来施行。冲击治疗需要做好充足的准备，最好在专业人士指导下进行，下面主要介绍系统脱敏治疗的具体方法。

在做治疗前你首先要明白一点：焦虑和恐惧的出现是很正常的一件事，多数人都会遇到，这些看似负面的情绪甚至对人类还有一定益处。如果你遇到老虎都不恐惧，那你多半有"武松打虎"的本事，否则你不是被吃掉就是被伤到。只是有时候过度的恐惧和焦虑会严重影响人们的日常生活，通过暴露可以切断恐惧和焦

系统脱敏

虑情绪与特定刺激或情境之间的联结，学会除逃避之外的应对方式。你还要明白的是，暴露疗法不会对所有人都是一个轻松和愉快的经历，开始治疗前一定要做好充足的心理准备，如果自己尝试后还是不行，则需要在专业人士的协助下进行。

首先，你可以选择一个会让你感到恐惧或焦虑的事物、地方或情境等，对这个特定的情境或对象你一定要有准确的认识，比如对考试的恐惧。你是担心考场人多会使你烦躁？还是担心题目做不好？抑或是担心监考老师或者旁人是否总是盯着你，会影响发挥？你要先确定好到底是哪个部分会让自己感到焦虑，精准定位刺激源。

其次，确定完暴露的具体目标后，接下来建构暴露等级情境。可以根据SUDS法（主观痛苦感觉单位量表，见表三）来辅助判断。正式开始暴露之前要先学会放松，比如运用我们讲过的呼吸放松和肌肉放松等方法。放松练习的目的是培养自己在暴露治疗过程中的自我掌控感，也有助于意识到自己的生理感受。

接下来从SUDS值接近0的暴露情境开始，将你自己依次完全暴露于每一个等级情境中，直到SUDS值增加到可以接受的水平。记住，在你感到自己的焦虑和痛苦水平降低之前，请一直暴露在该情境中。

最后，切记一点：如果你自己操作该方法有困难，请一定要寻求专业人士的帮助。

表三

主观痛苦感觉单位量表（SUDS）

10 = 感觉难以忍受。神经衰弱得失去控制、不知所措，计穷力竭。你可能会感到非常不安，以至于不想说话，因为你无法想象会有人能理解你的扰动

9 = 感到绝望。大多数人所说的 10 级实际上是 9 级。感觉极度恐惧，以至于觉得几乎无法忍受，你害怕自己可能会做些什么。感觉非常糟糕，失去了对情绪的控制

8 = 吓坏了。开始有疏离感

7 = 开始发狂。处在一些绝对坏情绪的边缘。你可以勉强控制住你的情绪

6 = 感觉不好。在这种程度上，你开始认为应该对你所感受的部分做些什么

5 = 中度不适，不舒服。不愉快的情绪仍然可以通过一些努力得到控制

4 = 有些心烦意乱。你不能轻易忽略一个不愉快的想法。你可以处理这些，但感觉不好

3 = 轻度沮丧。你能够注意到担心、困扰

2 = 有点沮丧，但不明显，除非你特意关注自己的情绪感受和现实，然后认识到：是的，是有些事情在困扰着我

1 = 没有急性痛苦，感觉基本良好。如果你特别努力，你可能会感到一些不愉快的事，但并不多

0 = 和平，宁静，彻底解脱。对任何特定的问题都不再有任何忧虑

— 13 —
问题解决法

> 不解决桥和船的问题，过河就是一句空话。
>
> ——毛泽东

很多时候，你可能面临着各种棘手或复杂的实际问题，比如学习压力、同学关系、亲子沟通等，而你又不知道该如何处理，这个时候焦虑情绪就会缠绕住你。往往这个时候你会想要一个快速便捷的解决方案，但你其实对这个方案的期望比较高，潜在的要求比较多，这样一来你的焦虑就更容易加重。如果换一种方式——减少对解决方案的要求，降低期望，你就能更从容地去尝试，更轻松地寻找到潜在合适的解决方案，并且保持良好的心态。

下面介绍两位心理学家提出的问题解决法供你参考。

阿尔伯特·艾利斯提供的问题解决步骤:

1. 分析已知问题的状况。看看有什么浅显易得的解决方案,并思考其存在的困难是什么。

2. 找出几个解决方案,并找出一些备选方案。

3. 尝试一些不同的解决方案。要先用大脑去想,如果可行的话将其付诸实践。

4. 检查一下每个备选的解决方案是否可行,是否优于其他的解决方案。

5. 即使目前的一些解决方案可行,也要去寻找新的、更好的解决方案。

6. 假设可行的解决方案不止一种，那就继续寻找备选方案，不要轻易放弃。

7. 定义一个很可能会得到解决的麻烦情况或应激事物。

8. 设定一个可以解决问题或减少问题的现实目标。

9. 试想一下其他人会怎样解决这个问题。

10. 你目前所考虑的解决方案有什么优缺点。

11. 当找到解决问题的方案或行动时，在头脑中进行演练。

12. 实验性地尝试你所认为的最好的解决方案，看看结果如何。

13. 即使是良好的解决方案，也要预期会有失败的时候，或会存在一些缺陷。

14. 即使你没能找到一个良好的解决方案，但你尝试了，这点就值得祝贺和嘉奖。

托马斯·戈登提出问题解决的六步法：

第一步：确认并界定问题。这一步最重要，因为确定的问题一定要是真正的问题，而不是暂时的问题。如果问题找不准，以下的步骤就起不到应有的作用。

第二步：找出各种可能的备选解决方案。你可以逐一列举出来，如果感觉自己"势单力薄"，可以拉上朋友或家长，让他们帮你出出主意。

第三步：评估备选的解决方案。对比各种解决方案，首先排除掉自己无法接受的，然后找到自己相对喜欢的解决方案，直到把范围缩小到一两个。这个过程中也可以征求一下别人的意见。

第四步：确定最合适的解决方案。第三步做好了，第四步结果自然也就出来了。如果还有对比，可以采取优劣比较法，把几个方案各自的优点和缺点分别列举出来，这样可以更方便直观地做出选择。

第五步：执行解决方案。如何执行方案也是很关键的，从什么时候开始，怎样执行，到具体做什么，都要尽量详尽明确。

第六步：对解决方案的效果进行追踪评估。在执行完方案后要评估一下效果如何，有时候选择的方案不一定是最好的方案，如果觉得效果不满意，从第一步开始重新执行。

以上两位心理学家提出的问题解决方案相差不大，你可以选择任何一个，练习问题解决法对提升自己解决问题的能力有很大的帮助。

解决问题的能力是每一个学生一定要掌握的技能，我建议你把它培养成自己的一种能力。如果你具备了遇到问题解决问题的能力，在今后的生活中你就不再害怕困难，也不会对未知恐惧，幸福美满会与你长相伴，你能够顺顺利利度过每一天。

— 14 —

自我管理策略

> 我们应该有恒心，尤其要有自信心。必须相信自己
> 是有能力的，而且要不惜任何代价把这种能力发挥出来。
>
> ——博宾斯卡

本章节主要参考谢里·科米尔（Sherry Cormier）、保拉·S.纽瑞尔斯（Paula S. Nurius）及辛西娅·J.奥斯本（Cynthia J. Osborn）所编著的《心理咨询师的问诊策略（第6版）》*Interviewing And Change Strategies For Helpers(6th Edition)*中自我管理策略一章。

自我管理策略的主要目标是帮助你获得主导自我的能力，以便达到治疗目标——能够独立适应良好的生活。自我管理主要有四个基本功能：对行为及其构成和效果进行自我监测、自我评价、情感性的自我反应、自我效能。其中，自我效能感深深影响着我们的思想、情感、动机和行为，对于解决焦虑问题、增强自信心、提高自我管理能力都很重要。运用好自我管理策略可以让你做出

如下改变：在完成各项任务和人际交往时，以及在认知事物和控制情绪等方面会采取更加有效的行为；改变对问题情境和对别人的认知和态度；改变或学会处理引起压力的问题。

下面给你详细介绍一下四种自我管理策略。

自我监测

自我监测是对自己的特定行为（包括思想、情感）进行观察和记录。这些行为涉及自己以及自己与环境之间的相互作用。

具体方法：

1. 识别目标反应。

a. 确定一个你想改变的目标行为，并挑选该行为的积极和消极方面进行监控——这取决于你更看重哪一个方面以及你想增加还是减少该行为。

b. 写下该行为的定义，同时思考你的界定是否清晰？

c. 你能否列举出该行为的具体例子？如果有困难，可以紧扣你所下的定义来举例，也可以对照列举出该行为正面和负面的例子。

2. 记录目标反应。

a. 选择记录时机，注意以下原则：

※ 若想减少或不希望出现该行为，采用行为前监测法；

※ 若想增加该行为，则采用行为后监测法；

※ 马上记录，不要拖延；

※ 只有当没有其他竞争性反应时才记录，写下你选择的记录时机。

b. 选择记录方法（包括频率指标、持续性指标以及强度指标等），需要注意的是：

※ 频率指标适用于反应行为间断性发生的情况；

※持续性或潜伏性指标适用于反应行为持续一段时间的情况；

※ 强度指标用来说明反应的严重程度。

c. 选择用来记录的设备，应该具有以下几个特点：

※ 携带方便；

※ 容易找到；

※ 经济实惠；

※ 令人感兴趣。

d. 做好以上准备之后，实施自我监测至少一周（最好两周），然后开始第 3、4、5 步。

3. 制图表：将每天记录的资料画成单线图表。

4. 展示资料：选择一个你认为合适的地方展示出自己的情况图表。

5. 分析资料：将自己现有的水平与所提出的目标水平进行对比，观察自己的行为出现了哪些变化。

刺激控制

刺激控制指的是事先安排好那些可能会增加或减少目标行为的刺激源或线索。

使用刺激控制减少行为的原则：1.事先安排或改变与行为发生地点相联系的线索。一是事先安排事件，避免行为发生。比如将学习安排在一个安静的场所，避免外在噪音的影响。二是事先安排事件，让自己受控于他人。比如和家人或朋友一起学习，

遇到问题时让他们提醒自己。2.改变前因与目标行为之间的时间链。一是中断这种时间链。考完试不对答案，不纠结于考试结果。二是改变这种时间链。在考试前提前把考试后的日程活动安排好，考完试就立即执行。三是在两者之间制造停顿。在要满足自己的需求之前，拖延一段时间。

使用刺激控制增加行为的原则：1.有意寻找促使目标行为发生的线索。准备一间只有一张书桌的房间，想学习的时候就来这儿。2.在该线索情境中专注于目标行为。在此房间中专注于学习，一旦分神就离开，不要把学习与其他活动如听录音、谈话等混淆。3.逐渐将目标行为扩展到其他情境中。4.通过别人或自己设置的提醒项，来促使有益的线索的增加。

自我奖赏

自我奖赏是在做出自己所期望的反应之后，给予自己一个积极的刺激。

自我奖赏主要包括四个部分：1.选择一个合适的自我奖赏物。包括可实际获得的奖赏，个性化的奖赏，不同类型的奖赏（言语符号、物质、想象、现实或潜在的），有一定价值的奖赏，不会伤害他人的奖赏，与目标行为相配合的奖赏，与自己的文化、性别、年龄和阶层相符合的奖赏等。2.给予奖赏物。注意要对目标反应进行自我监测，确定做什么和做到什么程度才能得到奖赏，对不同水平的目标反应进行强化，做到"量少多奖"。3.奖赏的时机。应设置在行为之后而不是之前，行为后马上给予奖赏，奖赏应该针对行为而非针对承诺。4.计划如何将自我改变维持下去。如果需要可以请他人帮助提供奖赏物，可以与家人一起总结自己的改变过程。

自我偶像

自我偶像是把自己作为一个榜样人物，观察自己用理想的方式执行目标行为。

人们可以通过观察他人在各种情境中的行为来学习新习惯或新技能。自我偶像是观察自己，将你从事目标行为的过程进行录像（或录音），这样你就可以看见（或听见）你自己是如何做事情的。然后你按照你所看见（或听见）的行为模式进行练习，可以请家人或朋友对你的练习结果进行评价和反馈。这种方式会帮助你更好地获得自己的目标行为。注意在录制自己目标行为的过程中，一定要不断调整、编辑，最后请家人或朋友一起对录像或录音进行反馈，从而更好地优化自己的目标行为。

– 15 –

信任自己

> 应该相信，自己是生活的战胜者。
>
> ——雨果

如果你经常被忽略、虐待或背叛，你的警惕心就会很重，你就会变得不那么信任别人。你会更容易看到日常生活中的"黑暗面"，甚至是在它们还没有出现的时候，你就会臆想出来，会逐渐封闭自己的内心。长此以往，你的不安和焦虑就会加重，最终影响到你的生活和学习状态。只有打开自己的心防，认识到有人能看见自己、有人能理解自己、有人能关心自己，这才是解决之道。要做到这一步，就要先建立信任——不仅仅是信任别人，更重要的是信任自己。

信任是一种接纳的状态，它会让我们对周围及外在的世界敞开心扉。假如你非常痛苦，有人看见后安慰你，你就能感受到支持和安全，你觉得那个人能体会你的感受，你可以信赖他、信赖

你们之间的关系，并对你们之间的互动感到自在，你们之间开始建立信任的联结。这种情况越多，你对外界的信任就会越强烈，你就越会敞开心扉，幸福度就越高。信任自己，就是在觉察中平衡而非失衡地持续探索、发现和发展自己，就是好好地听听自己的话，在没有外人赞赏和认同的情况下，依旧可以与自己安然相处，与自己保持和谐一致，不受外界的影响。信任自己的过程，是不断强化自己安全感的过程，信任自己的内在，对事物保持开放变通的态度，客观合理地接纳自己的内心世界。

　　如何训练自己的信任感？假如你在某个时刻希望依赖别人，但结果让你失望，你感觉到被辜负、被忽视，这个时候你可以以自然的方式呈现自己的脆弱。写下你对这些问题的反应，不用刻意编辑内容，拿起笔和本子，只管写就可以，这会为你理解自己的脆弱并信任自己打下基础。同时，你可以想象一个地方，不论是来自记忆还是幻想，它可能是一个带给你宁静祥和感的地方，也可能是一个能让你踏实安心的地方，总之在这里，你会充满安全感。踏入这个安全之地，你可以有意识地呼气和吸气，感受富有生命力的呼吸运动，感受四肢的平静、躯体的安宁、肌肉的放松。在想象这个安全之地时，让呼吸时刻环绕着你，而这种宁静也一直属于你。同时你需要接纳自己的脆弱，让脆弱和自己同在，并在心里默念："愿我快乐，带着欢喜的心生活学习！愿我健康，拥有健康的身体！愿我安全，远离伤害！愿我生活在幸福安宁中！"

　　在信任自己的状态下，我们可以放下防御、释放自己，允许自己进入一种脆弱的状态。记得不是控制，是允许，是与自己同在，暂停对自己过多的负面或正面评价，接纳自己的"阳光面"和"阴暗面"，照顾好自己的身体，你就会更加包容和平和，愈加信任自己。

－ 16 －
保持耐心，逐步达成目标

> 耐心是一切聪明才智的基础。
>
> ——柏拉图

　　部分学生产生焦虑的主要原因是急于求成，总是想立马把自己的学习成绩提升，总是想立即得到同学和老师的认可……人一急，压力就会增加，紧接着效率就会下降。俗话说"欲速则不达"，我认为保持耐心应该成为每个学生的必修课。因为焦虑来看门诊的学生，基本上都和家长与学生本人急于求成的心态有关系。一定要有点耐心，学会"让子弹飞一会儿"，这会给你带来意想不到的效果。我曾经在《自主学习时代》这本书上写过两个章节，分别是《心急吃不了热豆腐》和《扛一扛，再扛一扛》。这两章分别阐述了当家长和学生遇到学习问题时，应该怎样学会耐心等待。急是解决不了问题的，只有学会等待，保持耐心，心平气和地去寻找解决之道，才是最佳的方式。

　　耐心，就是要不急躁，不厌烦，允许人、事、物按照其自身的规律自然发展。为什么现代人压力越来越大？这跟目前社会的急速发展有很大关系，科技发展越来越快，人们也被迫加快了节奏。"快点做功课""快点吃饭""快点结束玩耍"……人们的神经越来越紧绷，压力越来越大，也越来越体会不到古人那种闲情雅致。你可不要被这种节奏带"歪"了，原地定个神，深吸一口气，再慢慢吐出来，感觉此刻的状态，放松紧绷的神经，让氧

气滋养全身，让无用的二氧化碳排出去。最终，回到我们本该有的样子，找回本真的、恰当的、合适的状态。

你认真想一下，同样的事情，在不同的人身上所用的时间是否都不尽相同。虽然你看到某人用某种方式很快做成了某事，但这件事放到你身上就不一定能很快完成了，所以你不能用别人的标准来要求自己。你得学会有耐心，找到适合自己的节奏，按照自己的行事风格，通过最适合自己的方式去达到自己的目标。同样，你作为一个独立且不同的个体，在不同的事情上也需要不同的时间——这理解起来也比较容易，你不可能在不同的事情上都用相同的时间来完成，这其实也是在提醒你慢下来，不着急，按照事物本来的节奏去发展。

这里要注意，耐心不是忍耐，更不是忍受。忍耐和忍受会让人紧绷，而耐心应该理解为允许和尊重——允许人、事、物按其本来的样貌发展，尊重人、事、物都有其自身的特点。假如你没有学会某个数学知识点，这可能与你的计算能力不足有关，也可能与你对相关知识点的理解不到位有关，所以你要做的不仅是把当前这个知识点熟练掌握，还需要不断提高自己的计算能力或者理解能力。另一位同学他没有掌握到同样的知识点，但他可能仅仅是因为上课时没有认真听讲，下来只需要多巩固几遍就可以了。由此来看，同样一个问题，你得按照你的方法解决，你同学得按照他的办法解决才行。你用他的方式，他用你的方法，都是驴头不对马嘴，没什么效果。

遇到问题要有耐心，寻找问题的根源，给自己足够的时间和空间，找到适合自己的方法，按照合理速度，朝着既定目标，不断前行。把你脑袋中"什么时候能好？""怎么还没达到目标？""效率怎么这么慢？"等想法统统丢掉。把心放在当下，耐心地去做好手中现有的事务，不强求自己，既不要跟别人比较，也不要急于和过去的自己比较，维持内在的自我动态平衡。只要你的目标定好，且待它自然前行。

— 17 —

学会放下

放下不是放弃，随缘不是随便。

——扎西拉姆·多多

看到"放下"这两个字或者听到你的好朋友劝你放下的时候，你一定会想：骗鬼呀，说得好轻松呀！要是这件事发生在你身上，你能放得下吗？确实，放下是何其不易，我们几乎不会因为朋友的一句劝告，说放下就能放下。如果我们每个人都能够随时做到放下，我们就不会感觉到焦虑和压力。因为它实在是不容易做到，所以我选择放在自我调适这部分的最后一小节来细细阐述。

放下确实很难，但唯有放下才能让你的生活更洒脱，成长过程更顺畅。放不下只会让我们有更多的牵挂，生活过得也会更加煎熬。就呼吸来说，某一天你去爬山，觉得山上的空气很清新，下意识地多吸了几口，这时你要吐出来不？如果不吐出来你会是

什么感觉？你也可以现在就试试这样能坚持多长时间——最终你还是会因为憋不住而不得不吐出来。不管你有多喜欢，你最终都得放下，只有放下，才会有新的空气进来，身体才能进入一个良性循环。你的每一次吸气和呼气都是接受和放下的过程，由此可见在我们生活中，放下无时无刻不在发生。

你放不下，就是不允许人、事、物的变化和消逝，或者说不允许事物按照自己理想的方向发展。可是不放下的话，我们就会停留在原地止步不前，甚至会自我消亡。放不下，本身也是焦虑的一种表现，是一种担忧和害怕，觉得可能会有糟糕的事情发生。但人和事物总是在发展变化的，总是会有过去和未来，这是停不下来的自然规律。你期望的永恒是不存在的。

该怎么放下呢？要先把目光转移到当下。放不下的原因无非就是纠缠过去，或者担忧未来。不论你的情绪状态如何糟糕，请回到当下，回到当下的心、当下的呼吸、当下的身体、当下的一切事物，认认真真地体验当下的感觉，这时候你就已经走在放下的路上了。

来，我们来练习一下：放下你手中的书，闭上你的眼睛，把身体调整到一个舒适的状态，保持全身肌肉的松弛，身体不僵硬，眉头不紧锁，牙关不咬紧。

第一步觉察呼吸：保持自然的呼吸，觉察气息的进和出，觉察气息进出后身体的感觉，吸气时，观想与感受身体的每个细胞

都受此气息的滋养，呼气时感受身体正将不用的气息送出去。通过呼吸练习，帮助稳定自己。

第二步觉察身体：慢慢地把注意力放在自己的身体感觉上，感受整个身体的状况，从头到脚、从上到下，持续地关注全身，觉察体内的变化，不论是细微的还是显著的。保持观察的状态，观察、放下、观察、放下——放不下，就无法观察。不对任何观察出来的情况进行分析、解释、说明，只是观察。如果有分析、

解释、说明的想法时就放下，继续观察。

第三步觉察声音：慢慢把注意力放在周围的声音上，不刻意去搜索，也不排斥任何出现的声音。不用分辨和判断声音是否好听，是否喜欢，只是单纯地聆听。不抗拒任何声音，允许任何声音的到来、停留和远去。可以聆听左边耳朵的声音，也可以聆听右边耳朵的声音，单纯享受宁静。不用给声音添加任何情节，让声音只是声音。如果声音勾起了自己的一些想法或情绪，只需要观察这个过程，允许这种感觉自由地来去，然后继续聆听这一刻的声音。

第四步觉察想法：慢慢把注意力集中于脑袋里浮现的任何想法上，欢迎每个想法的到来，温柔地观察想法的升起、停留、消失或转换成下一个想法。如果发现自己越想越远了，不像是单纯地观察想法，而像是产生了演绎，那就暂停一下，用第一步的呼吸练习法帮助自己回到当下。待心情稳定后重新开始。

以上四步可以单独练习，但后三步的练习要在第一步呼吸练习的基础上进行。每次练习前，先进行呼吸练习再进行本步练习。如果作为一个专项练习，你可以先进行一段时间的呼吸练习，待整个过程自然顺畅后，再进行一段时间的身体觉察练习，之后再进行一段时间的声音练习，最后再进行想法的觉察练习。等各个练习都掌握得比较熟练之后，再按照以上四个步骤一起来练习。

日常生活中任何事物都会经历"形成、维持、衰退、消逝"

这四个过程。这些过程中没有绝对的好坏、对错、悲喜、优劣，绝大多数只是取决于我们是如何看待和选择的。觉察当下，慢慢地修习自己这颗心，不断提升自己放下的能力。这个过程中，你要能分辨出什么是自己可以改变的，什么是没办法改变的。如果你观察久了就会发现，其实我们能改变的事情很少，就算是诺贝尔奖得主，也不过改变了世界一点点而已。当你清晰地认识到这一点点的时候，你就自然而然地学会放下了。

放不下是一件很痛苦的事，放下则是对自己最好的友善和慈悲。放下了，心灵的空间就会更广阔，才能更好地容纳新的美好事物。

见此图标微信扫码
拥抱内心强大的自己

3

第三部分

家庭支持

不怕慢慢长大，只怕站着不动。

——佚名

在你知道更好方法前，尽你所能，在你知道更好方法后，再做得更好。

——玛雅·安吉洛

不要太注意家庭的外观及形式，最主要的是要注重家庭里特有的，充满了爱、温暖与明朗的气氛。

——陶乐丝·卡耐基

— 1 —

倾听

> 耳朵是通向心灵的路。
>
> ——伏尔泰

由于倾听的重要性，心理学中对于倾听的各种描述非常多，本章内容主要参考的是托马斯·戈登所著的《P.E.T父母效能训练：让亲子沟通如此高效而简单》。书中作者把家长该如何倾听孩子描述得非常细致。

了解沟通障碍

要学会积极倾听，托马斯·戈登建议家长要先了解日常生活中与孩子沟通的12个障碍。

1. 命令、指挥、控制。告诉孩子去做某件事，或直接给他一个命令。比如："不能够有那样的态度""不准哭"。

2. 警告、训诫、威胁。告诉孩子他做某件事会有什么样的后

果。比如："如果你敢顶嘴，小心我揍你""再不听话，你给我滚"。

3. 规劝、说教、布道。强制告诉孩子他应该怎么做。比如："你应该要尊重大人""你应该好好学习，考不上大学是没有出息的"。

4. 建议、给出解决方案或意见。告诉孩子怎样解决一个问题，给他建议或意见，为他提供答案或解决方案。比如："你可以和小明一起玩""建议你和班主任谈谈"。

5. 说服、教育、进行逻辑辩论。试图用事实、辩论、逻辑、经验或者个人意见来影响孩子。比如："现在你就要学会人际交往""我在你这个年龄，什么都会干了"。

6. 评论、批评、表示不赞同、责备。对孩子做出负面的评价或判断。比如："你怎么总是做错事""我不喜欢你这样"。

7. 赞扬、表示赞同。对孩子做出正面的评价或判断，或者附和孩子。比如："我认为你这样穿很漂亮""我同意你的看法"。

8. 归类、嘲笑、羞辱。把孩子归类，让孩子感到自己愚蠢或羞耻。比如："你是万事通""就你啥都明白"。

9. 解释、分析、诊断。告诉孩子他的动机是什么，或者分析他为何做出这样的事，或说出这样的话。比如："你只不过是嫉妒小张""因为你不自信，所以才会有那种感觉"。

10. 安慰、表示同情、安抚、支持。尽力安抚，想让孩子好受一点，说服孩子摆脱不良情绪，或试着让情绪直接消失，却否认孩子情绪的强度与孩子的主观感受。比如："明天事情就解决了""我知道在学校里不舒服，但情况会越来越好的"。

11. 调查、质问、审问。试图找出足够的理由、动机或原因，寻求更多信息来帮助孩子解决问题。比如："你什么时候开始有这样的想法的？""谁教你这些的？"。

12. 回避、分散注意力、开玩笑、转移话题。试图让孩子和自己都远离这个问题，想办法分散孩子的注意力，用开玩笑的方式转移话题，却把问题推到一旁。比如："忘了吧""不说它了，谈点高兴的事"。

以上是家长常用的 12 种沟通方式。每运用一次，就会给你们之间的亲子关系加上一堵墙，会让孩子不愿意再开口倾诉，让

孩子感到内疚或无能，打击孩子的自尊心，引起自我防御，激发憎恨感，甚至认为自己不被接纳，等等。为了避免产生这些问题，作为家长该怎么办？

学会接纳

接纳就像是肥沃的土壤，可以让种子发芽、成长、开花，有足够的能量让其成熟。而孩子就像种子，蕴含着成长的能力。当家长能够发自真心地接纳孩子，并如实表达自己的这份接纳时，家长就拥有了强有力的帮助孩子的能力。接纳性的语言可以让孩子打开心扉，能够欣赏自己、肯定自己。孩子与生俱来的潜能由此得到发挥，可以成长为一个独立自主的个体。接纳性的语言还可以帮助孩子学会自己解决生命中不可避免的问题，更能给予孩子力量，勇于面对成长过程中的失望和痛苦，还能让孩子切实感受到"被爱"。

如何做到接纳？第一，用语言表示接纳。家长应避免使用会造成前文提到的"12种沟通障碍"的沟通方式，而是要积极主动地表达接纳，具体方法可以参考下文将要提到的简单的"门把手"法和积极倾听等。第二，用非语言的方式来表达接纳，包括手势、身体动作、面部表情以及其他行为。比如掌心朝内向孩子招手，示意对方"过来"或"靠近点儿"，这种方式表达的就是接纳。第三，用不干涉的方式表达接纳。家长不干涉孩子的活动，就传达出了对孩子行为的接纳。第四，用被动倾听表示接纳。沉默，是相当有效的一种表达接纳的非言语信息。

简单的"门把手"法

回应孩子的主动分享，最有效的方法之一就是使用"门把手"法，也可以称为"邀请对方多说一些"。比如不带任何意见的回应"我明白了""哦""好的""有意思""是吗？"，或者主动邀请孩子说得更多，"可以多说点吗""谈谈对这件事的看法""来我们讨论一下""你是怎么想的"。这些回应中不包含家长的任何想法、判断或情绪，只是邀请和鼓励孩子分享他自己的想法、判断或情绪，为孩子开启了一扇沟通之门，做到了"把球留给对方"。这种方式能传达出家长对孩子的接纳和尊重，让孩子感受到受尊重、被重视、被接纳、能引起他人兴趣等自我价值。

积极倾听

要做到积极倾听，家长要先具备以下几种基本态度：

1. 你必须发自内心地想听孩子诉说。这意味着你愿意此时在孩子身上花费足够的时间，如果你没时间，只需对孩子实话实说。

2. 你必须真诚地想要在当下帮助他解决问题。如果你不想，那就等到你想的时候再说。

3. 你必须能够真诚且包容地接纳他的情绪。不管这些情绪是好是坏，也不管它们与你自己的情绪是否一致，或者说与你认为

一个孩子"应该"产生的情绪有多么不同。这种态度的形成需要一定的时间。

4. 你必须深深地信任孩子有自己处理情绪的能力，并有能力为他自己的问题寻找解决方案。你可以从旁观察孩子自己解决问题的过程，并从中获得信任感。

5. 你必须认识到大部分情绪只是暂时的，而非永久性的。情绪会改变——恨可以变成爱，沮丧也可以被希望代替。因此，你无须害怕情绪的表达，它们不会永远存在于孩子的心中。积极倾听将向你证实这一点。

6. 你必须把你的孩子看作某个独立于你之外的人，一个独一无二的、不再与你产生联系的人，一个经由你而来却会拥有自己的生活和身份的独立个体。认识到这种"独立性"，你就该循序渐进地"允许"孩子拥有自己的情绪和感知世界的方式。仅仅感受这种"独立性"，就能使你成为孩子的一个协助者。你需要在他面对问题时同他在一起，而不是自作主张介入其中。

家长在积极倾听时，要试图了解孩子的情绪或表达出来的信息的含义，然后把自己的理解转化为孩子能够接受的话语，反馈给孩子进行求证。这个过程没有掺杂家长本人的主观信息（例如：评价、意见、建议、推论、分析和质疑），不添油加醋，仅仅是把对孩子的话的理解反馈给孩子。同时也要避免鹦鹉学舌，不能让孩子觉得家长是在敷衍。家长一定要学会共情的倾听，把自己置于孩子的角度，暂时进入孩子的内心，让孩子感受到自己与他同在。

积极倾听可以鼓励孩子进行情绪上的宣泄；可以减少孩子对负面情绪的恐惧，有足够的勇气接纳自己的各种情绪；还可以促进家长与孩子之间温暖的亲密关系的发展，促动孩子变得更愿意接受家长的想法；还能让孩子掌握主动权，学会自己分析问题并找到解决方案。总之，积极倾听是可以使孩子变得更加自主、更加独立、更有自我责任感的最有效方法之一。

— 2 —

理解

> 我们平等地相爱，因为我们互相理解、互相尊重。
>
> ——托尔斯泰

还记得孩子蹒跚学步的时候，家长为了克服孩子对于跌倒的恐惧，用一种滑稽的方式假装跌倒，让学步的孩子以"咯咯"笑的方式减轻他们对走路的恐惧感吗？这就是对孩子的理解比较好的例子，是家长对孩子感同身受的结果，它最终在理解孩子的基础上成功消除了孩子对陌生事物的恐惧。

作为家长，当孩子遇到困难或压力的时候，要学会理解孩子，切忌总是按照自己的经验处理问题。亲子沟通中出现的问题很多时候是因为家长对孩子的不理解造成的，他们习惯按照自己的方式教育引导孩子——道理讲了一大堆，问题却一点也没得到解决，甚至出现说得越多孩子越反感的情况。这样不但减轻不了孩子的心理压力，反倒会加重孩子的负担。

理解，就是家长要学会准确认识和把握孩子的内心感受，要能够换位体验孩子的情感和心情，要让孩子感受到来自家人的支持。这个过程不是以自己的感受来代替孩子的感受，而是要能够真实地体会到孩子的感受，与孩子共同拥有或分享各种情感。也可以这么理解，家长要尽力以孩子的视角去感受、体会、反馈周围的人和事，能够站到孩子的立场去考虑问题，以求实现和孩子之间保持情感对焦与思维并轨——也就是换位思考。这是对孩子情感体验的温暖而透彻的把握，这里的温暖来自家长对孩子的同理心，不仅是因为家长有过类似的生活体验，而且家长相对来说拥有更高超的洞察力。

理解很重要的一点是要学会保持客观中立的立场，不评价、不指责、不干涉孩子，不对孩子及其思想行为做出是非好坏的判

断，不把自己的价值观和价值标准强加给孩子，而是让孩子自己做出判断和选择。家长要明白，随着时代的发展，社会的进步，自己过往形成的思想观念不一定适合当下孩子的情况。在理解的过程中，家长一定要记得保持真诚，不要自以为是，不要在孩子面前摆架子，尽量少用"长辈权力"。面对孩子的问题，家长能够解答多少就解答多少，能帮多少帮多少，如果不会一定要坦诚地说出来，不要不懂装懂。

这里套用一下美国著名心理专家巴雷特·勒纳德（Barrett Lenard）的"同感共情循环"理论，供家长参考。家长可以用同感共情表达的五个递进式步骤进行练习：

第一步，同感共情的趋向——家长对孩子的问题做出积极的参与、接纳与肯定。

第二步，同感共情的共鸣——家长对孩子的问题做出直接或间接的同感共情交流，以求共鸣。

第三步，表达同感共情——家长对孩子的问题明确表达或交流其意识感受。

第四步，接受同感共情——家长之间可以相互练习。

第五步，同感共情循环继续——让孩子反馈家长的表达是否做到同感共情，以及家长做出反应的准确性如何。

另外，家长千万要注意不要把理解用错了，否则就达不到帮助孩子的目的。首先，理解不是简单同意，理解是对孩子内心感受的尊重，而不是对孩子的想法和理念完全接受。理解是以心换心，以尊重换取信任，以包容促进反思。其次，理解不是同情。家长不应该"居高临下"地同情孩子，这会让孩子有不舒适的感觉。理解应该是平等的、能产生共鸣的反应。再者，切忌把理解变成热情。理解是一种冷静、理性、温和的情绪反应，热情则会表现出过多的主动与主观。过于主动热情，会让孩子感受到不适，甚至会吓得孩子躲起来。

> 家庭是父亲的王国、母亲的世界、儿童的乐园。
>
> ——爱默生

　　我在网上看到过一个小视频，它展示了这样一个场景：在一条飘着毛毛细雨的街道上，一个 20 岁左右的女孩儿坐在马路边上小声地哭泣，十分难过的样子。可能是由于在公众场合，她努力地克制着自己的情绪，但是眼泪还是止不住地往下流。就这样过了一会儿，一个 50 岁左右的成年男子走到她的身边，像是她的父亲。男人没有说话，也没有触碰她，只是在她的旁边坐了下来。没有一句话，就这样两个人坐着，女孩继续哭，男人只是默默地坐着。女孩哭着哭着就下意识地靠在了男人的肩膀上，男人有意识地往女孩那边倾斜。过了一会儿，女孩停止了哭泣，示意男人可以走了，这时男人把手搭在女孩的肩膀上给她挡雨，俩人偎依着离开了。

　　看到这个视频，我很有感触——这是多么好的一种陪伴呀！不需要说什么，只是默默地陪着，这就是最好的安慰。

　　在和孩子相处的过程中，所有的家长要充分学习和理解"我不知道"这句话所蕴含的不可思议的创造力。家长用好"我不知道"，会给孩子带来不一样的生命力和新希望。这个"我不知道"是抛开所有主观臆断、所有人生经验，把自己"清零"的过程。只有清零，才能有空间容纳在孩子身上发生的一切。这也是陪伴的精髓——不妄断，只是默默地陪着孩子，感同身受，让自己和孩子的精神处在一个频道上。家长要学会和孩子建立联结，让自己和孩子的内心世界相融合，去感知孩子所发出的信号——这个信号不仅仅指的是语言信息，还包括眼神、面部表情、语调、身体姿势、手势

以及孩子对事物的反应时间和强度，等等。在那个时刻，家长可以饱含真情地注视孩子，接纳孩子的本质。当孩子感受到家长的陪伴，双方的情感就能感同深受。

我们不可避免对大部分事物有着固有观念，这个固有观念无非是自己成长过程中习得的，只是自己累积的经验而已，所以这个观念是否真实合理，很难轻易下论断。家长在陪伴孩子的过程中，不能被固有观念束缚，要对当下的情况保持开放的态度，不然就会限制自身对孩子的接纳。要真正有效地接收到孩子发出的信号，就必须跨越自身记忆的牢笼。

请不要忘记，在生命最初的 9 个月零 10 天，胎儿和母亲是紧紧连接在一起的，胎儿分享着母亲的营养和心跳音。出生后，只不过是为了拥有独自的生命，幼儿才被迫放弃这一切。当遇到压力或困难时，人的本能是立刻试图与母亲重建联结，寻找曾经给予的温暖、抚摸和安慰。孩子其实需要不断的关爱和照顾，即使是青春期的孩子也是一样。当他累了、饿了、遇到困难了、感到伤心了，他需要有人关心和抚慰。就像一个杯子，里面的水空了，就需要注水。这个时候，父母的陪伴往往能够给孩子增加能量——就是给杯子加水。

当孩子遇到困难和挫折的时候，家长第一步要做的不是解决问题，而是回到最初为人父母的状态，陪伴孩子，给予孩子温暖，筑牢孩子的安全港湾。

— 4 —

支持

> 我之所有，我之所能，都归功于我天使般的母亲。
>
> ——林肯

　　心理咨询门诊经常会遇到这样的案例：孩子在学校被同学欺负了，回到家以后还没来得及给家长说清楚原委，家长就劈头盖脸地把孩子训了一顿。孩子不仅得不到家里的支持，还两头受气，最后只能在心里不断积累负面情绪。这就是家庭支持做得不够好的极端例子。无论孩子在学校发生什么，家长首先要弄明白事情的来龙去脉，其次应该关注自己的孩子是否需要支持。如果孩子在学校被欺负了，作为家长一定要给孩子找回公道，让孩子得到最基本的保护和充足的安全感，这是最基本的支持。如果家长总是摆出一副"就这点小事你就解决不了"的态度，慢慢就会失去孩子的信任，孩子遇到事情就不会告诉家长，出问题的风险就会加大。试想一下，除了家长，还有哪个人能够全身心地对待孩子？无条件地接纳包容孩子？即使有也是凤毛麟角的，你敢轻易尝试吗？再试想一下，如果孩子连自己的亲人都不相信，又怎么能够很好地相信别人？

　　家长可以回想一下，当孩子还是婴儿的时候，父母在孩子与自己接近的过程中扮演着极其重要的角色。当孩子抓不住东西的时候会给予帮助，当孩子离得太远的时候会把他拉回来……家长会提供给孩子一个安全的环境，孩子是在被家长支持的背景中长大的。所以孩子出现问题后本能的反应就是回到家庭，希望家人给予自己温暖和支持。这个行为本身就会带给孩子力量，缓解他的痛苦。

　　作为家长，你需要给孩子这样的感觉"有父母在，我什么都不害怕""无论发生什么，他们会给我支持和帮助"。这样孩子在

外面才敢于做事情，不会畏惧风险。即使是有风险，他也相信家长能够帮他解决，最起码能够给他情感上的支持。就算失败了，他也会认为家是他休憩的港湾。家长可以常常给予孩子这样的支持："有爸爸（妈妈）在，不用怕""大胆去做，有什么事情爸妈担着""还有你爸爸（妈妈）在呢，大胆去做吧""有什么委屈给爸爸（妈妈）说，不要憋在心里"。这些充满支持性的话语往往蕴含着巨大的正面能量，能给孩子带来精神上的慰藉。你要让孩子在伤心的时候感受可以信赖你、信赖你们的关系，让他体会到你们之间的互动是自在放松的，同时给予他足够的信任。

家长对孩子的支持还体现在另一方面：为孩子提供一个抱持的家庭环境，让孩子感受到家庭的和谐美满，感受到家人之间的互敬互爱，为孩子提供一个安全美满的栖息之地。给予孩子这样的家庭环境本身就可以融化掉孩子在外面遇到各种问题后产生的负面情绪。即使是父母离异的家庭，家长也要给孩子传递出自己无私的爱，同时让孩子明白，父母之间的不合适并不是孩子的问题，只是父母的问题，孩子永远是父母的最爱。父母之间要努力做到和谐相处，给孩子心里建造一座安全港湾，而不是让孩子产生一种撕裂感。

家长要做好孩子的后盾——天热的时候是一块冰，天冷的时候是一团火，下雨天是一把伞，下雪天是一身棉，遇到猛兽他会往里躲，遇到苦寒他愿意往里钻。

– 5 –

促进

高山出俊鸟，幽谷出芳草。

——佚名

　　作为家长，当你把倾听、理解、陪伴、支持这四个方法用好之后再谈促进。促进需要谨慎使用，家长要牢牢记住一句话：慢比快好！如果你没有真正理解并支持孩子，而是急于促进的话，你们之间好不容易建立起来的良好关系很快就会被破坏掉。要想重新建立关系，会一次比一次难，一次比一次慢。你一定要相信孩子的自我成长能力。这里先给家长们分享一下在人本主义心理学中的一段极富诗意的话，这是人本主义心理学代表人物卡尔·兰塞姆·罗杰斯（Carl Ransom Rogers）于1977年写下的：

　　　　我记得小时候，家里把冬天吃的土豆贮存在地下室的
　　一个箱子里，离地下室那个小小的窗户有好几英尺。生长

条件相当差，可是那些土豆竟然发芽了——很苍白的芽，比起春天播种在土壤里时长出的健壮的绿芽是那么的不同。这些病弱的芽，居然长到二三英尺长，尽可能地伸向窗户透进光线的方向。它们这种古怪、徒劳的生长活动，正是我所描述的趋向的一种拼死的表现。它们也许永远也无法长成成株，无法成熟，永无可能实现它们实有的潜能，但是即使在如此恶劣的成长条件下，它们也要拼死地去成长。生命不知道屈服和放弃，即令它们得不到滋养。在与那些生命被严重扭曲的当事人，与州立医院住院部病房里的男男女女打交道的经历中，我常常想起那些土豆芽。供这些人成长发展的条件是那样恶劣，以致他们的生命看起来常常是异常的、扭曲的、少人性的。但他们身上那种有方向的趋向仍然值得信赖。理解他们行为的线索是，他们在以其唯一可行的方式奋斗，趋向成长，趋向成人。对我们来说，他们的努力古怪而又徒劳，但对于他们，那是生命要实现自己的拼死挣扎。

这段话其实是在告诉我们，每个人都是趋向自我实现的，也就是说每个人都希望自己变得更好，但凡有一线希望都不会放弃。所以，家长只需要给孩子一个容持且温暖的环境，孩子具有自我解决问题的能力。我们所在的生物界都是趋向越来越好，希望越来越好的。当孩子感到压力时，家长只需要给孩子提供一个让他觉得可以释放自己压力的环境，让孩子更好地活在当下，充分地体验当下的心理活动就够了。家长不评价、不监控、不指导，至于下一步该怎么做，只有到那个时候才知道。同时，家长与孩子之间应该建立信任感——不仅仅是让孩子信任家长，更重要的是给孩子建立越来越信任自己的机会。在这些前提之下，孩子的个人机能才能得到充分发挥。如果孩子不断体验到充分发挥自己机能的过程，他的成长也会越来越好。这个过程也是家长练习使用倾听、理解、陪伴、支持四个方法的过程。

其实家长只要把前四部分做好，对孩子来说就是最好的促进。在这个过程中，家长首先一定要保持真诚的态度，要从根本上说服自己应该这么做，不要假心假意，因为孩子能够感觉得到。接下来就要学会无条件包容和理解孩子，不断建立孩子的安全感，减少孩子对家长的对抗和防御心理。家长对孩子的评价减少，无条件的积极关注增加，就能很好地促进孩子的成长。

　　如果家长想更进一步，就要尊重孩子，尊重的过程也是对孩子的信任，能表达对孩子观点的兴趣，还能承担起家长应有的责任。同时也要避免追求完美，不是一定要把问题一口气全部解决掉，要学会留些余地，为之后不断改进而努力。家长要学会着眼于孩子的优点，避免数落孩子，只盯着孩子的问题，这样容易造成雪上加霜的局面。即使是孩子有不良的行为，家长也要想办法将不良的行为转向积极的一面。作为家长应该要明白一个道理，凡事都是一体两面。这个过程中记得要保持我们前面所说的"真诚"，要实事求是，不然太假了就没法取得孩子的信任了。如果家长想做得更好一点，就应该为孩子安排一些特别的时光，让孩子在这个时间段尽情地畅游。这个时间可以是"真空时间"，孩子能完全放下一切，只是尽情地玩耍或娱乐。

　　如果家长把前面的功课都做足了，就可以促进孩子的进一步成长，还可以用一些开放式的提问："不知道你现在对那个问题怎么看？""你现在的状态如何？""你还需要爸爸（妈妈）做些什么？""心情好些了没有？"。从而让孩子学会面对问题，自己解决问题。家长也可以这么问："现在需要爸爸（妈妈）的建议吗？""需不需要爸爸（妈妈）给你一些思路？"。如果孩子需要你帮助的话，你就可以表达自己的观点和想法。如果孩子还是没有准备好接受你的帮助的话，那么请家长再等等，继续回到倾听、理解、陪伴和支持的过程中就可以了。

4

第四部分

其他重要资源使用

我有一个理论，如果你一直付出 100%，那么事情最终会以某种方式解决。

——拉里·伯德

我非常相信运气，我发现我越努力，我就越幸运。

——托马斯·杰斐逊

只是不要放弃尝试做你想做的事情。在有爱和灵感的地方，我认为你不会出错。

—— 埃拉·菲茨杰拉德

- 1 -

寻求老师的帮助

> 师者，所以传道受业解惑也。
>
> ——韩愈

　　作为学生，学校永远是一道跨不过去的坎，遇到问题很多时候也是亟须学校来帮忙处理的，特别是自己的任课老师或班主任。在很多问题上，老师的帮助对学生压力的缓解可以起到事半功倍的作用。因为在有些问题上，学生往往会自己钻进死胡同，如果这个时候能够和老师及时沟通，就可能柳暗花明，这些问题能得到及时解决。作为学生，在遇到自己无论如何也无法解决的问题的时候，一定要想想自己是否需要老师的帮助。

　　下面介绍几种在老师的帮助下能够更快解决问题的情境——记住，这仅仅只能当作启发。你一定要结合自身情况，梳理一下自己在学生生涯中何时需要老师的帮助，这样你才能够运用好这个方法。世上没有完全相同的两片树叶，你和其他同学是不一样

的，所以，可能你需要老师帮助的部分，他们不需要，他们需要帮助的时候你不需要，最重要的是找准自己的需求。

第一，学习压力。

毫无疑问，学习是你在学生生涯中遇见的最多、最需要老师协助的问题情境。很多孩子遇到学习问题，总以为是自己不够努力，做得不够好，只能盲目"用力"，甚至每天晚上学习到很晚，最后却发现成绩一直上不去。为什么会这样呢？因为老师们总是在强调每个学生一定要努力，还会经常举一些通过努力拼搏后的成功例子。老师这样讲无可厚非，毕竟还是有很多同学不够努力、偷懒耍滑。你要知道老师很多时候是专门说给这些人听的，如果你不是这

类人，你就应该主动和老师深入讨论一下适合自己的学习方式。另一些同学是因为基础差，根基浅，老师也会让他们努力。但是你要知道，你的努力不可能面面俱到，如果你连每天老师布置的作业完成起来都比较困难，你就更需要找老师沟通协商找到适合自己的学习方式了，而不是傻乎乎地、一味地只知道完成作业，最终导致越做越累，越做成绩反倒越差。有一些同学是因为自己的学习方法不对，所以不管再怎么努力，成绩也一直提升不上去。这类同学也要学会和老师沟通，从而找到适合自己的方法。你一定要记住，每当运用新的方法进行改变时，可能会出现一些意料之外的情况，这时候同样应该及时找老师沟通原因，找准问题后及时调整或解决。有一些同学一味地盯着分数，却不关注自己之前调整的学习方法是否有效，特别是方法其实有效，而没有体现在分数上的时候，一定要学会和老师协商沟通后进行总结。总之，在你面对学习压力，并且短期内都没有找到合适的学习方法或者感觉方法无效时，应该选择及时求助老师，这是一种高效缓解焦虑的手段。

第二，同学之间的关系问题。

同学之间的关系问题是作为学生常见的压力问题之一，是每个学生在某个特定的时期都会遇到的。除了运用前篇介绍到的自我调节的方式，你还可以寻求老师的帮助，这也是一个很好的选择。如果你还在上小学低年级的话，这个方式将会是比较优先的选择。因为这个时候绝大多数学生都不会处理人际交往的问

题，或者说遇到问题可用的手段都很少，这个时候老师就是很重要的处理同学之间关系的要素，寻求老师的帮助是非常有效的。进入小学高年级阶段以后，如果频繁地找老师可能反倒不太利于同学关系处理，但是在必要时还是需要老师协助。比如说你跟同学就一个问题已经交涉很长时间了，而那个同学还在对你造成负面影响。你也寻求过别的同学的帮助，却发现他们也解决不了这个问题，这个时候就应该去寻求老师的帮助，至少老师有着更多处理类似问题的经验。不过得提醒你一下，越是高年级，越要多尝试自己解决问题，找老师只能作为备选项。如果找多了，也会被同学认为你比较无能。如果自己在处理这方面的问题上确实有障碍，可以尝试寻求专业人士的帮助，从而提高自己解决问题的能力。

第三，和老师相关的问题。

既然是和老师相关的问题，当然就需要找老师一起处理。最好是只找和你产生冲突的那位老师，这样解决起来会更快。很多学生在和老师产生矛盾后，只会一味地生闷气，不敢或者不愿意找老师处理问题。一种情况是老师误解了你，这个时候你需要找老师解释清楚，切记在解释的过程中不要"理直气壮"，一定要尊重老师，在此前提下诉说你的委屈，阐明事情的原委，老师明白后，误会自然会解除。很多学生觉得自己做得对，就认为自己占了上风，理直气壮地和老师对着干。还有的人会把事情闷在心里，一直不服气，最后就会发展成对老师不满和抱怨，甚至演变成和老师的对抗。反过来老师只会认为你愈发地不听话、喜欢故意找事，最后你们互相争斗，彼此都会受伤害。另一种情况是你对老师产生误会，老师一天教那么多学生，你误会老师后生闷气，其实他很难察觉到的，根本不清楚你发生了什么，生闷气最后只能伤害到你自己。我有个来访者就是这样，与老师生了一年的闷气，来咨询时我建议她和老师坐下好好谈谈，结果发现两人之间全是误解。自从谈话后，她和老师变成了很好的朋友，双方的关系来了个大反转。还有一种情况你一定要记住，老师教了太多的学生，他不太可能面面俱到，大多时候他只能够顾及群体而非个人。你遇到事情及时主动找老师沟通，老师才能真正清楚你究竟是怎么回事，进而更有效地帮助到你。善于和老师沟通交流的同学也会在老师心中加深印象，因为人本来就是有感情的动物，交流的过程对你也更有好处。

第四，和家长之间的问题。

和家长之间出现问题，在自己无法解决的时候找老师也是一个不错的选项。老师可以站在更客观的立场上恰当地处理你们之间的问题。对于家长而言，相对来说会更加重视老师的话语与意见。所以说当你自己没有办法处理和家长之间的问题时，寻求老师的帮助对你可能更有利。

－ 2 －

寻求同伴的支持

> 凡是经过考验的朋友，就应该把他们紧紧地团结在你的周围。
>
> ——莎士比亚

同伴关系在学生生涯中至关重要，它是学生经历社会化过程中不可缺少的一个环节。特别是处于青春期的学生，同伴关系对你的影响更加明显。处于同一个年龄阶段，大家的共同点会比较多，遇到的问题往往相似，相对比下同伴也会更加理解你。所以一个良好的社交圈子对一个人的情绪缓解有极大的帮助，积极地与同伴接触是建立良好社交圈的有效途径。因为在与同伴的互动中，你能学会更好的沟通与合作方法，还会去学习如何帮助别人、学习如何站在别人的角度考虑问题、学习如何处理人际交往中的矛盾等。在这个过程中，你能够学会理解同伴的感受——高兴的时候可以一起分享喜悦，难过的时候可以安慰彼此。既可以合作，又可以竞争，在互帮互助中共同成长。你也可以通过与同伴进行比较来评价自己，从中习得社会规则，完善自我认知，发展自己的个性。

有研究发现，青少年课余时间与同伴在一起的时候占比高达29%，青少年在回答"平时生活中遇到不愉快的事情或者有什么心里话，这时候你最愿意对谁说"时，选择同伴的人数占总人数的96%，可见同学关系在学生阶段是最突出的关系之一，这也是推荐遇到问题寻找同伴解决的依据。

如果在看本书的你确实在和同伴交往方面存在一些问题，我在下面就如何建立积极的同伴关系可以给你一些建议：你可以试着增加一些和同学能频繁接触的机会，多向对方表达友善，对对方的喜好表现出你的兴趣，接着去发展或者寻找共同的兴趣爱

好，这样友谊就会慢慢建立起来。比如你可以经常邀请同学在课后或者周末到你家里玩，进行你们之间共同喜欢的娱乐活动，如运动、画画、音乐，等等。你也可以报名参加一些有组织的团体活动，包括一些社团、兴趣小组或者一些协会，在参加这些团体活动的时候，一定要选择参与协作性比较强的，比如共同经历一次春游、野营或者一起合作做一些手工等，这样更有利于同伴关系的巩固和促进。

遇到问题寻求同伴支持的原因：一是你们之间是平等的，这就可以很好地避免产生与老师或家长在互动中的不对等感、不平衡感，在同伴面前你可以畅所欲言、自由表达。二是归属感——同伴之间有相似的行为方式和价值观，更容易认同彼此，接纳彼此。三是可以获得亲密感。同伴之间的友谊可以给彼此带来温暖，从而确立亲密和信任的关系。四是能够获得有效的帮助。同伴之间的帮助往往更及时、有效、有针对性。

当然，如果你所在的学校有同伴互助小组的话，也可以积极参与，这样你就可以在团体中寻求更多的支持，这往往比单个的同伴支持更有效果。因为团体中会有更多人支持你，你可以从中获得不同的思路启发，收获更多的知识。如果你所在学校和班级没有这样的小组，你也可以和同伴们组建一个，并定期举行小组讨论，比如主题可以设为"压力解决碰碰碰"，这样更有利于身心健康地成长。

— 3 —

寻求专业人士的帮助

> 今天有人坐在树荫下，因为很久以前有人种了一棵树。
>
> ——沃伦·巴菲特

有一些问题是靠自己、家长、老师和同伴都不一定能够解决的。毕竟有些问题看似比较简单，其实背后的原因很复杂，只影响到表面的方式不能解决根本问题，这时就需要专业人士的帮助。焦虑问题产生的原因涉及遗传因素、个性特征及心理社会因素等，非专业人士往往只能看到事物的某一方面，很少能够进行全面评估和合适的干预，对于一些症状简单的问题上述方法可能会有效，但是稍微复杂点的问题就不一定能适用了。

《精神病学（第 2 版）》中把焦虑分为病理性焦虑和现实性焦虑。病理性焦虑是指持续的、无原因地感到紧张不安或无现实依据地预感到灾难、威胁或大祸临头感，往往伴有明显的自主神

经功能紊乱及运动性不安，常常伴有主观的痛苦感或社会功能受损。而现实性焦虑是对现实的潜在挑战或威胁表现出的一种情绪反应，而且这种情绪反应是与现实威胁的事实相适应的，是当一个人在面临不能掌控的事件或情境时的一般反应。现实性焦虑的强度与现实的威胁程度相一致，并随现实威胁的消失而消失。它有利于个体动员身体的潜能和资源来应对现实的威胁，从而逐渐获得应对挑战所需要的控制感及有效解决问题的措施，直到这种现实的威胁得到控制或被消除。现实性焦虑是人类适应和解决问题的基本情绪反应，大多数时候是可以通过自我调节进行缓解的。如果是病理性焦虑，仅仅靠自我调节是无法有效缓解的，基本都得需要专业人士的帮助。即使是现实性焦虑，不同个体对危险的反应程度也有很大差异。个人的认知评价体系也影响个体对现实刺激的评价，同一件事不同的人情绪反应可能不同，所以如果自我调节效果不明显，就一定要寻求专业人士的帮助。

科学家对大脑、中枢神经和生物反应机制进行了大量研究，发现了产生焦虑的部分生理机制：当人感觉到危险或遇到困难时，大脑会迅速思考，负责评估威胁级别的杏仁核活化，导致对威胁产生应激反应。而前额叶活动异常，可能无法有效地抑制杏仁核的活性，从而导致情绪的过度反应和焦虑症状的产生。而焦虑产生的因素还包括遗传因素、心理因素，以及环境因素等。强烈的情绪有可能会损害你的大脑以及免疫系统，从而加重你的情绪反应，这种机制可能会不断循环。这也是建议你在必要时寻求专业人士帮助的一大原因。

在自己调节未果的情况下，可以寻求专业人士的帮助。最开始可以先进行心理咨询，这对于缓解一般性焦虑会有很大的帮助，因为心理咨询针对的是面临困扰的正常人群，解决的是一般性的心理问题。目前国内大多数学校都配备了心理咨询室，如果学校有心理咨询师，可以直接在学校进行咨询。如果学校没有，社会上也有比较多的心理咨询师，寻求他们的帮助也可以。另外，二甲以上的医院通常也会设立心理咨询门诊，你也可以选择到医院进行就诊。如果一般的心理咨询解决不了问题，则需要到

专业医院的精神科寻求进一步的治疗，比如心理卫生专科门诊等。你需要精神科医生给你评估诊断，如果确诊为焦虑障碍后，在精神科医生的指导下，你可以单独进行心理治疗，也可以接受物理和药物等多种干预手段治疗。如果选取专业的干预治疗，请一定要在专业人员的指导下进行，特别是药物治疗，不能擅自调整自己的用药方案，不然很有可能引起病情的波动，甚至造成症状复发的严重不良后果。另外，我要提醒你的是，不要擅自用药！尤其是镇静剂，因为它具有一定的成瘾性，还会导致睡眠问题的出现，甚至造成机体功能失衡，所以用药请一定在精神科医生的指导下进行。

见此图标 微信扫码
拥抱内心强大的自己